TRAITÉ

DES EAUX D'AX.

Paris. — Imprimerie de L. MARTINET, 2, rue Mignon.

TRAITÉ

DES

EAUX D'AX

(ARIÉGE)

PAR

ALIBERT (Constant)

Médecin-inspecteur.

————

Avec cinq planches.

————⊙————

PARIS,

LIBRAIRIE DE VICTOR MASSON,

PLACE DE L'ÉCOLE—DE—MÉDECINE.

1853.

INTRODUCTION.

Il y avait, dans l'ancien Comminge, plus tard dans le comté de Foix, au confluent de trois vallées et de trois torrents, et au cœur même des Pyrénées, une petite ville d'origine ibérienne ou celtique.

Les légions de Pompée, les soldats de Rodéric et les Maures avaient jeté dans sa civilisation les germes de la leur. Du sang autochthone, celte, romain, ibère, visigoth et sarrasin coulait mélangé dans les veines de ses habitants.

Aujourd'hui l'idiome vulgaire de ce pays, qui est un fidèle recueil de toutes les croyances et de toutes les traditions, conserve l'empreinte de cette diversité d'origines.

Il ne fut pas difficile de donner un nom à cette ville naissante ; on s'inspira de ce que sa topographie présentait de plus saillant, et on l'appela *Aie* selon les uns, *Acquæ* ou *Acquas* selon les autres; mots qui signifient, le premier en celte, et les autres en latin, la ville des *Eaux*.

Du mot *Acquas* la corruption du langage fit plus tard *Acqs*.

De nos jours, l'orthographe et la prononciation de ce mot ont été identifiées; cette ville s'appelle *Ax*.

Ax est, en effet, la ville des eaux par excellence. A part les trois torrents qui l'arrosent, un grand nombre de sources chaudes sourdaient alors et sourdent encore dans son enceinte.

Nul ne savait l'époque précise à laquelle on les avait aperçues pour la première fois : on s'accordait à dire qu'elles étaient aussi anciennes que les montagnes du flanc desquelles elles jaillissaient, et contemporaines de l'incendie primitif qui avait lui-même enfanté les montagnes.

D'où venaient-elles? on l'ignorait aussi. Fidèles à la loi qui les avait créées, elles coulaient sans intermittence, avec le même volume et la même chaleur, ne subissant pas l'influence des saisons, de la sécheresse ou de l'humidité de l'air, du caprice des vents, de la canicule ou des frimas.

L'antiquité païenne plaçait des déesses tutélaires auprès des sources de ce genre, honorant ainsi le mystère de leur origine. Le christianisme eut la même piété, et les sources d'Ax étaient, pour cette population religieuse et reconnaissante, un don de Dieu que la médiation de saintes protectrices, préposées à sa garde, rendait encore plus cher et plus vénéré.

Vainement ce pays avait été le théâtre des hérésies de Félix d'Urgel et de Priscillien, vainement avait-il payé son tribut à celles des Vaudois et des Albigeois; cette colonie, divisée peut-être par l'appréciation du dogme, ne l'était pas par la croyance qu'elle devait aux faits.

On se transmettait de père en fils le récit des miracles opérés par ces eaux salutaires; chacun laissait dans le récit quelque chose de son admiration et de sa personnalité. Les faits, en conservant ainsi à travers les âges un fond de vérité, avaient pris cependant des dimensions mensongères.

Une chapelle, dévorée par le feu le 15 juin 1615, recueillait les *ex-voto* des malades guéris, les instruments qui avaient servi à corriger des infirmités dissipées par les eaux, et ces témoignages, accumulés par les années, attestaient à la fois la vertu des sources et la bienveillance de Celui qui leur donnait de telles qualités. Ainsi, dans l'antiquité, la reconnaissance des malades suspendait des tablettes votives aux colonnes du temple d'Esculape, dans le double but de fournir à l'art d'utiles enseignements, et de payer au dieu bienfaisant un juste tribut de gratitude.

Semblables aux fontaines sacrées que la

Grèce dédiait à Hercule, les eaux toniques d'Ax donnaient à la fois de la force et de la souplesse. Pendant les rudes assauts dont les marches d'Espagne furent le théâtre, les Franks, affaiblis par les fatigues de la guerre, se baignaient dans ces ondes qui procuraient l'oubli du passé et l'ardeur de nouveaux combats.

Visité par les Romains, les Visigoths, Charlemagne, Charles Martel, les Maures et les rois d'Aragon, ce pays était plein de souvenirs et de légendes.

Ici saint Udo avait confessé la foi évangélique et reçu pour récompense la palme immortelle du martyre.

Là un indigète, ayant nom Encaralp, avait noblement combattu pour la conservation de ses foyers; mort pour la défense des libertés de son pays, la mémoire de son courage ne s'est point perdue, et l'on nomme encore Encaralbou le lieu de son trépas.

Au-dessus de la ville d'Ax, et comme pour

en assurer la conquête, les Maures avaient bâti le fort dont les débris s'appellent encore *Fort Maou*. Ce fort servit de retraite à Priscidès et Antiocha, et ces ruines murmurent encore les noms des hôtes adorés dont elles abritèrent les amours.

Ces montagnes n'étaient pas ce qu'elles sont devenues par l'effet lent, mais continu, du temps et de la civilisation. Le marteau du mineur n'avait pas fait à leurs flancs de larges blessures. La nature y possédait encore sa virginité, et si parfois une roche, lasse de surplomber les vallées, se détachait avec fracas, les mousses et les lierres cicatrisaient le lieu qu'elle avait occupé, formaient à ses débris une enveloppe de verdure et recouvraient la mort des apparences de la vie.

La vallée au centre de laquelle les colons avaient bâti leurs demeures, autour des eaux qu'elle contenait, était, depuis une lieue en aval d'Ax jusqu'en amont, à l'origine même des tor-

rents, une succession de lacs maintenus en cas-
cades les uns au-dessus des autres par des
digues naturelles.

Un de ces lacs occupait la jolie plaine de Savi-
gnac, fertilisée peut-être par son limon, et l'on
aperçoit encore au Castelet les fragments épars
et humiliés des roches vigoureuses dont les eaux
surmontèrent la résistance.

La belle vallée des Bazergues, au-dessus d'Ax,
était elle-même un vaste et profond bassin ; les
atterrissements déposés par les eaux sur ses deux
parois prouvent avec évidence que celles-ci y
séjournèrent longtemps.

Les monts étaient, de toutes parts, couverts
d'arbres, d'arbustes et de fougères, que la main
de Dieu y avait semés ; le chêne, le hêtre, le bou-
leau, le noisetier, l'arbousier, le framboisier, le
peuplier aux feuilles d'argent, la véronique, la
verveine odorante, la fraise parfumée, la mélisse,
la campanule grimpante, la digitale aux couleurs
de feu, la douce-amère, la jusquiame, la cléma-

tite, le thym, le serpolet, la lavande, le romarin, la mauve des champs; enfin, entre le sapin majestueux et l'humble violette, tout un peuple de plantes et de fleurs vivait à l'abri de ces montagnes, sur les rives de ces lacs, et demandait à leurs flots l'aliment journalier que les flots ne refusaient pas.

Ces forêts servaient de retraite à l'ours, dont les solitudes sont le domaine, au loup sanguinaire, au renard perfide, au chamois agile, à l'aigle cruel, au vautour sinistre, à la chouette lugubre, au coq superbe des bruyères, à la couleuvre innocente, à la vipère venimeuse et à des myriades d'insectes à tout ramage qui le disputaient aux fleurs par l'éclat de leurs enveloppes.

Ces vallées abritées recueillaient, sans les perdre, toutes les notes de remercîment et d'amour que le vent, les flots, les arbres et les animaux adressent à Dieu, et quand le soleil avait fait au sommet blanchi des monts une dernière caresse, il s'échappait de ces lieux un hymne sublime en un langage mystérieux.

Quelquefois, un troubadour attardé venait mêler à la voix grave des torrents, au frémissement des rameaux, au cri sauvage de l'orfraie, au murmure des flots qui léchaient le rivage, les sons tristes et languissants de son téorbe. Aux clartés douteuses de la lune, l'œil indécis eût dit alors : du troubadour aux cheveux blancs, le barde solitaire de Morven ; des pics âpres et isolés, l'ombre du vieux Fingal ; des bruits de la nuit, la voix plaintive d'Ithona ; et du balancement cadencé du feuillage, le souffle des esprits agitant les bruyères.

L'imagination de nos pères peuplait ces lieux de légions invisibles : les nains, les fées, les far—fadets, les lutins et les gnomes s'y livraient dans les lianes à de nocturnes ébats, et les sylphes légers du soir ne s'endormaient jamais dans les calices embaumés des fleurs, sans aller voltiger d'abord aux vitraux gothiques des châtelaines.

Les Maures avaient porté dans ces lieux le souvenir des djins et des péris d'Orient; les Latins, la mémoire altérée de leurs sylvains et de leurs faunes; et les fils d'Odin, la cohorte funèbre des mânes de leurs aïeux.

C'est là, dans cette nature dont la Fable embellissait les richesses, au milieu de ces vallées où les hordes du Nord avaient laissé la dépouille des vaincus, et qui portaient encore la fraîche empreinte de la sandale du Sarrasin, qu'en l'an 1260, le treizième jour d'octobre, Roger Bernard, comte de Foix, jeta, à la prière du roi de France, les fondements d'une léproserie.

Un bassin alimenté par des eaux sulfureuses, un hôpital et une étuve, suffirent d'abord au traitement des lépreux.

Le temps a respecté ce bassin, que l'on appelle encore *Bassin des Ladres;* et l'hôpital, après avoir éprouvé bien des vicissitudes dans sa fortune, est debout sur ses antiques fondations.

Cet hospice fut consacré à *Notre-Dame la*

sainte Vierge, patronne des malheureux. Des *hospitaliers* (1), religieux et soldats, d'une main consolateurs des affligés, de l'autre fermes défenseurs de la foi, y recueillaient des infortunés (2), morts au monde, et qui ne devaient plus avoir d'autre patrie que la patrie de l'éternité.

Ainsi, nos eaux ne furent pas fréquentées par les Romains; notre sol est vierge de ces monuments splendides qui, trop souvent, servirent d'asile à la luxure.

Une pensée charitable, une pensée de bénédiction présida à la fondation de nos Thermes.

Les eaux d'Ax avaient d'ailleurs la réputation de guérir d'autres maux que la lèpre, et l'on s'accordait à dire qu'elles avaient une efficacité marquée dans le traitement des plaies de guerre.

Meurtris par les fers et les blessures, nos paladins, au retour des croisades, échangeaient pour

(1) Cet ordre fut institué par Philippe Ier.
(2) Les lépreux étaient déclarés morts civilement.

un temps leur fougueux palefroi contre l'humble mule des montagnes, et venaient demander à nos eaux secourables la guérison de leurs maux et l'oubli de leurs souffrances.

Bien que les comtes de Foix fussent fréquemment en hostilités avec leurs voisins, cet asile fut sacré; les ressentiments, les dissensions, les haines s'effaçaient devant la majesté du malheur.

Les eaux d'Ax avaient dû leur première fréquentation aux enseignements du hasard et de l'expérience; mais ceux qui les visitaient importaient dans les contrées environnantes le récit de leurs vertus: aussi ne cessèrent-elles pas d'être pratiquées de plus en plus jusqu'à la fin du dix-huitième siècle.

C'est à dater de cette époque que j'en serai l'historien, laissant à regret les souvenirs et la poésie pour le langage sévère des faits et de la vérité.

TRAITÉ
DES EAUX D'AX.

CHAPITRE PREMIER.

TOPOGRAPHIE.

Ax est un chef-lieu de canton de l'arrondissement de Foix, dans le département de l'Ariége.

La population de cette ville est de **2,000** habitants.

Son altitude est de **716** mètres au-dessus du niveau de la mèr, et sa situation géographique est de **1° 35′** de longitude et **42° 51′** de latitude.

Cette ville est située dans une vallée se prolongeant d'une part jusqu'à Foix, et de l'autre jusqu'aux limites de la république d'Andorre.

La longueur totale de cette magnifique vallée est d'environ **70** kilomètres.

Le long des rives de l'Ariége est établie la route

impériale n° 20, qui met ainsi la ville d'Ax en relation directe avec la capitale de la France.

Cette route fut commencée, de Foix à Ax, en 1785, par les états de Foix. Les gouvernements qui se sont succédé depuis en ont tous apprécié l'importance et n'ont pas cessé d'en poursuivre l'achèvement. Elle est destinée à aller jusqu'aux frontières de la Catalogne et à se rattacher à la route royale que le gouvernement espagnol fait tracer de Barcelone à Puycerda.

Les obstacles qu'il a fallu vaincre pour livrer à la circulation, au sein des montagnes, une artère de ce genre, étaient très grands. L'art est parvenu à adoucir les pentes, à combler les précipices, à abaisser les escarpements. Aujourd'hui les grandes voitures parcourent avec facilité des lieux accessibles à peine autrefois à dos de mulet.

De Foix à Tarascon, la route a une ascension moyenne très légère; elle domine les alluvions déposées par l'Ariége, qui sont d'une admirable fertilité. L'œil se repose avec plaisir sur cette végétation luxuriante qui n'appartient qu'aux montagnes.

De Tarascon à Ax, la vallée prend plus d'ampleur; la culture est moins caressée et les montagnes sont moins coquettes. Elles sont couvertes d'une fourrure épaisse de forêts, et c'est dans le fond de la vallée seulement que la main de l'homme, industrieuse au possible, a tiré du terrain un merveilleux parti.

D'Ax à Mœrens, ce n'est guère qu'une vallée de déchirement d'une magnifique horreur. Cette gorge est comprise entre des escarpements qui ont environ 500 mètres de hauteur sur leur base et qui ne laissent dans leur intervalle que le passage d'un torrent assourdissant et furieux. La route est tracée près du torrent et dans le flanc même de la montagne.

Cette route se termine là, mais on ne cesse pas d'y travailler, et tout fait espérer que dans quelques années elle aura atteint Puycerda, dont elle est encore distante d'une trentaine de kilomètres.

La vallée de l'Ariége reçoit à Ax la jonction de la vallée d'Ascou et de la vallée d'Orlu. Chacune d'elles amène à l'Ariége un torrent auquel elle donne son nom.

Ax repose sur la patte d'oie formée par ces vallées et ces torrents.

Le torrent d'Ascou et celui d'Orlu se jettent dans l'Ariége, à l'ouest de la ville, et ces eaux, ainsi confondues, roulent à partir de là sur un lit caillouteux, avec une limpidité rarement troublée, donnent leur nom au département qu'elles arrosent, et vont enfin se jeter dans la Garonne.

Ax n'est pas éloigné de la partie centrale de la chaîne pyrénéenne. La vallée de l'Ariége coupe obliquement les Pyrénées françaises. Elle est presque entièrement formée de calcaires inférieurs de Foix à Ussat, d'ardoises et de schistes d'Ussat à Ax, et enfin de granites d'Ax à l'Hospitalet.

Ax est placé sur la limite des schistes et des granites. La partie méridionale de sa vallée est formée de granites, le nord de schistes, et le thalweg de débris de ces deux roches, associés en *brèches* ou en *poudingues*.

Ainsi c'est sur ce terrain de transport, composé de fragments à arêtes plus ou moins vives, cimentés par de l'argile et recouverts de terre végétale, que la ville d'Ax est bâtie.

Les montagnes qui lui forment immédiatement ceinture, et celles qui, placées dans les limites de son canton, la protégent aussi contre les vents, sont très élevées. La plupart des *ports* et des *cols* qui servent de passages entre ce canton et les cantons environnant l'Espagne ou l'Andorre sont d'un accès difficile.

Je dois à l'obligeance de M. Balland, capitaine d'état-major, chargé, dans le canton d'Ax, des travaux relatifs à la carte de France, le chiffre exact de l'altitude des points les plus saillants du canton d'Ax. J'en transcris ici le tableau :

Ax (portail de l'église Saint-Vincent). . . .	716 mètres.
Pont de Perles.	622
Pont Lareng près de Mœrens.	1034
Pont de la forge d'Orlu.	938
Pont de la forge d'Ascou.	1076
Col de Surle.	1785
Col de Joux.	1703
Port de Paillères.	1975
Port des Pradets	1676
Col de Marmore.	1360
Col de Fontalbe.	1683
Col de Losque.	1487
Col d'Entressère.	987
Pic Saquet.	2259
Cap de Manseille.	1743
Pointe Couronne.	1158
Pointe de Carroutch.	1866
Sommet du Llata.	1800
Sommet de Perrejat.	2277
Pic de Simet.	2425
Pic de Roque-Rouge.	2319

Pic de Brasseille.	2220 mètres.
Pic de Tarbézou	2363
Pic Séremba.	1854
Sommet du Bac d'Ignaux.	1725
Sommet Chioulat.	1507
Pic de Géralde.	1777
Pic Saint-Barthélemy (au-dessus de l'étang).	2343
Pic de Tabes.	2349
Lac de Nagullos.	1854

Quoique assez élevées pour protéger parfaitement la ville d'Ax, les montagnes qui l'environnent ont cependant leur sommet placé au-dessous de la région des glaciers. La neige elle-même n'y séjourne, pendant la belle saison, que dans les anfractuosités abritées contre les rayons du soleil.

Ainsi le voisinage du Roussillon et de l'Espagne, l'abri que les monts font à la vallée d'Ax, y rendent la température agréable, et l'automne, en particulier, toujours beau. Cette température, il est vrai, offre des variations rapides qui sont communes dans les montagnes, mais sa moyenne est celle des pays tempérés.

A la prière de M. le docteur Rigal (de Gaillac), mon honorable prédécesseur à l'inspection d'Ax, et plus tard à la mienne, M. Gomma a pris, pendant plusieurs années, avec un soin extrême, les indications météoro-logiques destinées à figurer dans ce travail. Je donne ci-dessous leur moyenne, me plaisant à remercier M. Gomma du concours qu'il m'a gracieusement prêté.

Mois.	Températures.	Hauteurs barométriques.
Juin.	24°,30	0,703 millim.
Juillet.	26°,00	0,697
Août.	20°,60	0,702
Septembre.	19°,12	0,700

Ces températures sont celles du milieu du jour.

La ville d'Ax est protégée contre les vents du nord, du sud et de l'est, mais la vallée est ouverte au vent d'ouest, qui y arrive après s'être plusieurs fois brisé et après avoir ainsi perdu de sa violence.

Il pleut médiocrement à Ax pendant l'été, mais le printemps y est habituellement pluvieux.

Les matinées et les soirées sont généralement fraîches, même pendant les jours les plus chauds. Voici la moyenne des températures prises au lever du soleil, à midi et au coucher du soleil, pendant les quatre mois de la saison thermale.

Mois.	Température au lever du soleil.	Température à midi.	Température au coucher du soleil.
Juin. . . .	17°,31	24°,30	19°,30
Juillet . . .	16°,53	26°,00	20°,08
Août. . . .	15°,30	20°,60	17°,85
Septembre .	13°,20	19°,12	16°,17

Il résulte de ce tableau que le mois de juillet est celui pendant lequel les variations de température, du commencement au milieu de la journée, sont le plus sensibles.

La nature présente à Ax l'aspect saisissant qu'elle a dans les plus heureuses vallées des Pyrénées. Sur les flancs des montagnes sont appendus des hameaux au-dessus desquels s'étalent, sans ordre, sans symétrie, avec une irrégularité capricieuse, des forêts de hêtres, de bouleaux, de buis et de noisetiers. Sur le plan le plus élevé, au voisinage des neiges éternelles, au lieu même où la grande végétation va cesser, de superbes sapins projettent vers le ciel leurs tiges élancées. C'est une dernière et magnifique protestation de la vie contre la mort et les frimas.

Sur le fond de ces tableaux, comme pour en égayer ou en faire ressortir la verdure, se dessinent en un blanc d'argent des filets d'eau qui, de cascade en cascade et par des méandres tantôt rapides, tantôt indécis, tombent dans le lit qui recueille, au bas de la vallée, maintenant condensées, ces vapeurs que le lendemain doit ramener sous forme gazeuse au front des montagnes.

Ainsi, par un de ces admirables détails de la statique et de l'équilibre des éléments qui nous environnent, s'entretiennent, sur ces masses granitiques, les belles forêts dont les arts utilisent les produits, et les riches prairies où le pâtre conduit ses troupeaux.

Çà et là dans l'azur du ciel se détachent des aiguilles aux formes âpres et anguleuses qui bravent les éléments, en conjurent les tempêtes, provoquent la formation de puissantes étincelles électriques et la combinaison d'une partie de l'azote et de l'oxygène de l'air. L'acide nitrique créé dans le jeu de ces orages tombe sur les montagnes avec la pluie qui l'a dissous, en désagrége la surface, met en liberté les principes dont ces roches sont composées et les rend à la végétation.

Ainsi, il n'est pas jusqu'aux cimes chenues et désolées qui ne soient un chaînon mystérieux des harmonies de ce monde, et ne fournissent au savant l'occasion d'ajouter une connaissance nouvelle aux moissons de la pensée.

Sur les monts sont suspendus de vastes lacs. La curiosité de nos baigneurs explore quelquefois ceux du Conté, d'en Beich et de Nagullos. Sur leurs bords tranquilles et déserts, l'esprit peut méditer à son aise au milieu du spectacle que présentent les solitudes.

La flore de ce pays est riche et variée. Un de mes prédécesseurs à l'inspection d'Ax, M. le docteur Sériès, avait dressé le catalogue des principales plantes qui croissent spontanément en ces lieux. Ce travail ne laisse pas que d'avoir son importance. Mieux que tous les raisonnements, les plantes donnent une idée exacte du climat d'un pays. Je transcris ce catalogue, acquis à l'histoire d'Ax :

Callitriche verna.
Verbena officinalis.
Veronica Beccabunga.
— Anagallis.
— Chamædrys.
— latifolia.
— arvensis.
Melica cœrulea.
Poa rigida.
Galium palustre.
— Mollugo.
— parisiense.
Dipsacus pilosus.

Asperula cynanchica.
Campanula pubescens.
— rapunculoides
— Trachelium.
— rotundifolia.
Lonicera caprifolium.
— periclymenum.
Verbascum phlomoides.
— Thapsus.
Solanum nigrum.
— Dulcamara.
Hyoscyamus niger.
Chenopodium murale.

Caudalis leptophylla.
— arvensis.
Selinum pyrenæum.
— Monierii.
— Seguieri.
Athamanta orcoselinum.
— cuvaria
Peucedanum officinale.
Laserpitium latifolium.
Œnanthe pimpinelloides.
Seseli elatum.
Pimpinella magna.
Linum catharticum.
Crassula rubens.
Juncus pilosus.
Antherium ossifragum.
Sedum dasyphyllum.
— Telephinum.
— sphæricum.
— reflexum.
— saxatile.
— annuum.
— villosum.
— hirsutum.
— anglicum.
Saponaria officinalis.
Oxalis corniculata.
Clematis Vitalba.
Ranunculus arvensis.
Delphinium Consolida.
Teucrium Chamædrys.
Thymus Serpillum.
Antrimum Elatine.

Antrimum supinum.
— Azarina.
Sisymbrium sylvestre.
— pyrenaicum.
— supinum.
Myagrum sativum.
— paniculatum.
Biscutella longifolia.
Granium lucidum.
— molle.
Malva sylvestris.
— moschata.
Spartium purgans.
Hypericum perforatum.
Senecio vulgaris.
— viscosus.
— Jacobæa.
— abrotanifolius.
Prænanthes purpurea.
— muralis.
Picris hieracioides.
Hieracium sabaudum.
— eriophorum.
— umbellatum.
— lanceolatum.
Viola mirabilis.
— tricolor.
Hypochœris radicata.
Carduus crispus.
— dissectus.
Artemisia vulgaris.
Acrosticum septentrionale.

J'ai déjà dit que les essences de nos forêts sont le pin, le sapin, le hêtre, le chêne, la busserole, et le buis, principalement.

En descendant d'Ax à Foix, on aperçoit le noyer, le

châtaignier, le frêne, la vigne, et enfin les arbres et
les arbustes à fruits auxquels une trop grande élévation ne convient pas.

La vue de la ville est pittoresque. Ax ne se fait
pas remarquer par la régularité de ses rues et l'aspect
imposant de ses monuments. Il a fallu subir la tyran-
nie d'un espace limité et de nombreux accidents de
terrain. Mais l'irrégularité n'a-t-elle pas son charme,
quand elle fait oublier pour un temps la construction
compassée des grandes cités ?

Il y a cependant deux grands hôtels parfaitement
tenus et de belles maisons où les étrangers, quel que soit
d'ailleurs leur rang, trouvent un logement convenable.

Il existe au centre de la ville une belle promenade où
de magnifiques platanes et des tilleuls séculaires offrent
aux rayons du soleil une barrière de feuillage que ceux-
ci ne dépassent pas. Cette promenade est d'une parfaite
fraîcheur.

Les habitants d'Ax sont hospitaliers et très complaisants pour les étrangers.

La vie animale est facile et peu coûteuse, et le pays
très giboyeux. Pendant la saison de la chasse, les
perdrix rouges, grises et blanches, les cailles, les râles,

les lièvres, y sont communs. On se procure facilement
du chamois, plus connu sous le nom d'*izard*, et dont
la chair est excellente. La truite commune y est très
bonne ; on la prend dans l'Ariége. Quant à la truite
saumonée, elle n'est pas rare, mais on la pêche dans
les lacs, à de grandes hauteurs, particulièrement dans
ceux de Lanoux, d'en Beich et de Fontargente.

Les fruits d'été nous arrivent du département de
l'Aude et de celui des Pyrénées-Orientales. Ces deux
départements nous fournissent aussi le vin qui nous est
nécessaire. Les montagnes produisent en abondance,
jusqu'en octobre, des fraises et des framboises délicieuses.

L'état sanitaire de ce pays est généralement bon. Le
sol étant primitif ou composé de détritus primitifs, les
pentes rapides, les eaux vives et courantes, les chaleurs
modérées, il n'y a pas là les conditions d'insalubrité
qui, en d'autres lieux et dans le bassin sous-pyrénéen
en particulier, font naître les fièvres graves et favorisent le développement de maladies épidémiques.

La ville d'Ax possède un hôpital que l'on nomme
hôpital Saint-Louis, parce qu'il fut bâti sous le règne
de ce roi. Cet hôpital est affecté à deux genres de ser-

vices : 1° Il reçoit et entretient une vingtaine de vieillards incurables ou d'enfants indigents de la ville d'Ax.
2° Pendant la saison thermale, il reçoit une centaine
d'indigents du département de l'Ariége, hospitalisés
aux frais de celui-ci, des bureaux de bienfaisance, des
hôpitaux voisins ou des communes.

Cet hôpital, avant la révolution, était allodial et ne
payait pas de tailles. Dans les quinzième et seizième
siècles, il acquit beaucoup de biens par des donations et
des legs, sous des conditions de charges, d'obits, etc. Cet
établissement jouissait d'un revenu assez considérable ;
ses biens consistaient en métairies, pièces de champs,
prés détachés, locateries perpétuelles, moulins, rentes
foncières, etc. La loi du 24 août 1793, qui fit entrer les
biens communaux dans le domaine de l'Etat, ne res-
pecta pas non plus les biens des pauvres. Ceux de l'hospice d'Ax furent confisqués. Dès lors cet établissement
fut soutenu des deniers de la ville et devint communal.
Quelques libéralités récentes rendent sa situation meilleure qu'elle ne l'était il y a quelques années à peine,
mais il s'en faut de beaucoup que cette situation soit
prospère.

Le revenu propre à l'hôpital ne dépasse guère

2,000 francs, et la dépense annuelle est de 8,500 francs environ ; la différence de ces deux chiffres est comblée par la ville d'Ax pour une part fixe, et par le département, les bureaux de bienfaisance et les communes pour une autre part, subordonnée au nombre d'indigents qu'ils ont dirigés sur l'hospice d'Ax.

Les besoins des pauvres sont nombreux, le prix de la journée d'hospice peu élevé, aussi y a-t-il toujours place, dans les recettes, pour la charité privée. Elle est sollicitée sous des formes inépuisables par les sœurs de Nevers chargées de la direction de cet établissement, et qui s'acquittent de ce soin avec un zèle et un dévouement au-dessus de tout éloge. Cependant le budget solde souvent en déficit. Ce déficit est comblé par..... J'allais révéler une confidence ; il m'est interdit de rien signaler à la reconnaissance publique, et je me borne à bénir, au nom des pauvres et du pays, la main généreuse qui pratique aussi noblement les devoirs de la charité.

Enfin, pour terminer ces détails topographiques, j'ajouterai qu'il y a à Ax deux églises et une chapelle ouvertes au culte catholique, le seul que professent les habitants du lieu.

CHAPITRE II.

Diverses sources thermales sont assurément ce que la ville d'Ax présente de plus remarquable.

Ces sources sont au nombre de cinquante-huit.

Dans ce nombre ne sont pas compris une foule de naissants, la plupart volumineux, dont il sera ci-dessous parlé.

Les sources thermales sourdent en trois lieux distincts que l'on nomme COULOUBRET, BREILH, TEICH.

Ce n'est pas qu'il n'en existe en d'autres points de la cité. Entre le torrent d'Orlu et celui d'Ascou il y a peu de maisons, peu de jardins, où des fouilles, même superficielles, ne mettent à nu de l'eau chaude.

CARACTÈRES PHYSIQUES.

Température. — Les sources d'Ax ont des températures variées. Il en est une qui marque 24 degrés centigrades, une autre qui en marque 77 ; entre les deux il existe une échelle de sources à thermalité progressive.

J'ai pris ces températures avec un thermomètre centigrade que M. le Ministre de l'agriculture et du commerce m'avait adressé pour des expériences de ce genre, et sur la fidélité duquel je pouvais par conséquent compter. Voici le résultat de mes observations.

Basse.	24,00
Rougerou.	24,50
Canalette	25,00
Montmorency	31,00
Fontaine du jardin du Teich	31,00
Source de la pompe du Teich. . . .	32,00
N° 9 du Breilh.	33,00
N° 1 du Breilh.	33,00
Gourguette.	36,00
N° 6 du Teich.	38,00
N° 4 du Couloubret ou Pilhes. . .	39,60
Saint-Roch (à gauche).	40,00
N° 4 du Breilh.	41,50
Coustous (à gauche).	42,00
——— (à droite).	42,50
Gaston Phœbus	43,00
Saint-Roch (à droite).	44,00
Bain fort (nouveau).	44,50
——— (ancien).	45,00
N° 4 du Teich	46,00
Astrié.	46,00
Petite sulfureuse.	47,00
N° 7 du Breilh ou Longchamp. . .	48,00

Bleue du Teich.	48,00
N° 11 du Breilh ou Anglada. . . .	51,00
Pyramide du Breilh.	52,00
Grotte du Teich (à gauche). . . .	53,00
— (au milieu). . . .	55,00
Fontan	58,00
Étuve du Breilh.	63,00
Puits d'Orlu.	64,00
Quod.	64,00
Roger-Bernard.	64,00
Pyramide du Teich.	65,70
Étuve de l'hôpital (à droite). . . .	67,00
— (au milieu). . . .	68,00
Viguerie.	73,50
Canons (les 2 tuyaux).	74,80
Rossignol inférieur.	76,75
— supérieur	77,00

Je ne fais figurer dans ce tableau qu'une partie des sources d'Ax, celles seulement dont il m'a été possible de prendre les températures avec assez de précision.

Ces températures sont constantes; cependant quelques sources, qui rampent à la surface de la terre, perdent quelquefois deux ou trois degrés de chaleur.

Volume. — Quelques unes de nos sources sont très abondantes; il en est d'autres qui fournissent à

peine au service des buvettes. Dans l'ensemble il y a
une incroyable profusion d'eau chaude. Les sources
d'Ax n'ont pas été jaugées, mais elles débitent assurément, par aperçu, plus de 2,000 mètres cubes d'eau
chaque jour.

Poids spécifique. — La pesanteur spécifique de
nos principales sources a été prise sur les lieux le
4 septembre 1846, par M. Dispan. Ce chimiste habile
se convainquit, comme l'avait fait Pilhes en 1786, que
cette pesanteur ne diffère guère de celle de l'eau distillée.

Voici quels furent les résultats de ses investiga-
tions, le thermomètre Réaumur marquant 14 degrés
à l'ombre,

Eau distillée, pour terme de comparaison, à l'aréo-
    mètre de Fahrenheit. 1153,00
Eau de la Piscine (maintenant source Viguerie). . 1150,00
Source n° 4 du Teich. 1153,00
Eau bleue. 1153,00
Eau n° 5 du Teich (maintenant buvette Patissier). 1150,00
Eau de la Grotte. 1153,00
Eau de la Gourguette. 1150,00
Eau du bain fort. 1152,00
Eau de Saint-Roch. 1149,50

Couleur. — Il est des sources qui sont incolores ; d'autres, d'un jaune verdâtre peu prononcé.

Elles ne perdent pas leur transparence.

Une seule présente un louchissement particulier, semblable au bleuté léger qu'offre, sous une incidence de 45 degrés, la dissolution de sulfate de quinine dans de l'eau aiguisée d'acide sulfurique.

La cause de cette teinte opaline n'est pas connue.

Cette couleur fixa, pour la première fois, l'attention de Pilhes, alors intendant des eaux d'Ax. Désireux d'apprendre le motif du trouble survenu dans la transparence de l'eau soumise à son examen, il adressa deux bouteilles de celle-ci à M. le ministre de l'intérieur, qui chargea Thouret et Chaussier d'en faire l'analyse. Entre autres faits, ces chimistes déclarèrent que cette eau n'était pas bleue. Il est certain qu'elle ne l'est pas à la façon de la teinture de tournesol ou de l'iodure d'amidon, mais qu'elle est légèrement bleutée.

En 1804, M. Dispan, à son tour, attribua ce bleuissement à une illusion d'optique.

En 1807, M. Magne-Lahens admit, en fait, ce bleuissement et supposa, pour l'expliquer, que de l'ardoise, en état d'extrême division, était tenue en suspension dans cette eau, cette même ardoise se trouvant, en grande quantité et sous forme de terre bleuâtre, au fond du réservoir qui recueillait la source.

Pour légitimer son hypothèse, M. Magne disait qu'à l'analyse chimique faite par M. Dispan, l'*eau bleue* avait présenté de la silice, du carbonate de chaux, du fer, de l'alumine et de la magnésie. Or ces substances sont celles que Klaproth et Kirwan ont trouvées dans les ardoises de divers pays. D'Aubuisson, qui a fait, en 1809, l'analyse de l'*Argilla schistus ardesia*, de Werner, l'a trouvée composée de silice, d'alumine, de magnésie, de fer, de manganèse, de potasse, de carbone et de soufre.

Contrôlant par l'expérience son raisonnement, M. Magne délayait quelques grains d'ardoise dans de l'eau et communiquait à celle-ci une couleur bleutée et une odeur légèrement hépatique.

En 1835, M. Fontan vint à Ax, examina *l'eau bleue* et la trouva *limpide comme de l'eau de roche;* mais l'eau du n° 4 du Teich lui présenta un louchissement lactescent analogue à celui de la source *blanche* de Luchon.

M. Fontan attribua ce louchissement à la même

cause, c'est-à-dire à la précipitation d'une partie du soufre contenu dans l'eau.

Je m'étends avec complaisance sur ce caractère physique d'une seule de nos eaux, parce qu'il n'est pas dépourvu d'intérêt.

Si je voulais parler des altérations de transparence des eaux sulfureuses en général, je mentionnerais les opinions de MM. Anglada, Longchamp, Orfila et Filhol à cet égard.

Telle n'est pas mon intention. Je ne m'occupe ici que des eaux d'Ax, dont j'écris l'histoire, et je signale à l'attention des savants une source singulière qui *bleuit* légèrement à l'air.

Je dis qu'elle bleuit, malgré les affirmations contraires de Thouret et Chaussier, Dispan et M. Fontan, parce que, depuis Pilhes, qui, le premier, a indiqué cette coloration, MM. Sériès, Astrié, Rigal, mes prédécesseurs à l'inspection d'Ax, qui l'ont constatée, et enfin moi-même, qui l'ai vue aussi, n'avons pas été de l'un à l'autre, et comme par hérédité, pendant soixante ans sous l'empire d'une illusion.

L'explication de ce phénomène, donnée par M. Magne, n'est pas admissible, parce que la plupart des sources du Teich déposent dans leurs réservoirs la terre bleue à laquelle M. Magne faisait jouer le rôle de principe colorant, sans que leur transparence en soit changée.

La théorie de la précipitation du soufre de M. Fontan n'est pas applicable parce que l'*eau bleue* n'est pas hépatique.

Dans l'état actuel de nos connaissances, la cause de ce phénomène n'est pas expliquée.

Je ne connais pas à Ax d'autres sources qui se troublent à l'air; cependant j'ai cru remarquer un fait semblable à la Gourguette du Couloubret.

La source n° 4 du Teich, signalée par M. Fontan comme source *blanchissante*, ne s'altère que lorsqu'elle reçoit, à titre d'appoint, la *bleue* sa voisine. Les besoins du service balnéaire rendent ce mélange habituel.

Odeur. — La plupart de nos sources ont une odeur hépatique plus ou moins prononcée; il y a même dans ce caractère des nuances autres que celle du plus au moins, nuances que le nez reconnaît, mais que la plume ne saurait décrire. L'eau des Canons et celle du Bain Fort sentent toutes deux le soufre, mais d'une façon différente.

Quelques eaux d'Ax sont tout à fait inodores.

Saveur. — La saveur sulfureuse de quelques sources est très marquée ; elle est moins saillante chez d'autres.

Quelques unes laissent un arrière-goût légèrement sucré ; quelques autres un arrière-goût un peu styptique.

Dégagement de gaz. — Les sources les plus élevées en température laissent dégager un gaz particulier en assez grande abondance. M. Sériès affirmait que ce gaz était un mélange, à parties inégales, d'acide carbonique, d'azote et d'hydrogène sulfuré, avec un peu d'oxygène. D'après M. Magne, ce gaz serait composé d'acide carbonique et d'air atmosphérique, auquel le sulfure alcalin aurait enlevé une partie de son oxygène.

Les sources sulfureuses d'Ax laissent dégager aussi, soit spontanément, soit à la suite de décompositions chimiques, de l'hydrogène sulfuré en telle quantité, que l'atmosphère de la ville entière s'en imprègne. L'odorat y constate facilement sa présence. Les bijoux d'or et d'argent noircissent dans ce pays plus vite qu'ailleurs, et les couleurs à la céruse, à teint clair, n'y conservent pas longtemps leur éclat.

Dépôt de soufre. — Les eaux dont la température dépasse 60 degrés déposent sur leur passage du soufre en nature. Leurs réservoirs se tapissent de couches de soufre sublimé. L'abondance de celui-ci est telle que Pilhes put en recueillir à l'ancienne fontaine des Canons, sur les parois de son aqueduc, une livre pesant, qu'il envoya à Chaptal.

On trouve sur les parois d'autres réservoirs, et particulièrement à la Grotte du Teich, des cristaux de sulfate de chaux.

Barégine et sulfuraire. — D'autres eaux laissent sur leur passage et dans leurs réservoirs une matière gélatiniforme appelée *barégine*, sur laquelle on aperçoit des filaments blancs, soyeux et déliés, véritable conferve que M. Fontan a décrite avec soin, et qu'il a appelée *sulfuraire*.

L'ordre dans lequel apparaissent ces deux produits

4

des eaux sulfureuses est encore un point en litige. L'observation attentive de nos eaux me permet d'apporter quelques faits et quelques aperçus nouveaux dans le débat.

D'après M. Fontan les eaux sulfureuses contiennent toutes un principe azoté en dissolution, lequel principe azoté se précipite quand ces eaux arrivent au contact de l'air. Pour M. Fontan, ce principe ainsi déposé est la *barégine.*

Cette barégine est une substance molle, sans structure déterminée et inerte. Elle est éminemment putrescible.

Mais, d'après le même auteur, dans les limites de 15 à 55 degrés, il se développe sur cette barégine une substance blanche, soyeuse, tubulée et vivante, offrant au microscope, sous un grossissement de cinq cents diamètres, la structure évidente des végétaux. Chacun de ces végétaux est formé d'une enveloppe transparente, contenant dans son intérieur un grand nombre de séminules.

M. Fontan a classé ce végétal parmi les conferves; il l'a appelé *sulfuraire*, à cause du milieu dans lequel il vit.

Enfin, d'après quelques micrographes, M. Dujardin entre autres, ce végétal est animé; il se meut à la façon des oscillatoires.

Il y a du vrai dans ces assertions, mais tout n'est pas exact.

Avant les travaux de M. Fontan, la barégine et la sulfuraire n'avaient pas été nettement séparées. La distinction établie par M. Fontan est légitime. Il y a dans la matière gélatineuse déposée par les eaux sulfureuses une substance morte et une substance vivante.

La substance morte est-elle, comme le pense M. Fontan, une matière azotée dissoute dans les entrailles de la terre par la chaleur de l'eau? Je ne partage pas cette opinion. A Ax les eaux les plus chaudes, celles des Canons, des deux Rossignols, et la source Viguerie ne déposent pas de barégine.

La substance vivante est-elle telle que l'ont décrite les micrographes? A-t-elle les mœurs qu'on lui suppose? Malgré le soin que j'ai maintes fois apporté à son examen, je ne l'ai jamais vue se mouvoir.

D'une autre part elle n'est pas aussi difficile qu'on l'a cru sous le rapport de la température qui convient à son développement. Il en existe des filaments dans la source de l'Etuve de l'hôpital, qui a 68 degrés. Il est vrai de dire qu'à cette température la sulfuraire est plus rare. Celle qui lui convient le plus est de 40 degrés environ.

Ainsi les eaux à haute thermalité, —celles qui dépassent 70 degrés, — ne contiennent pas de sulfuraire. Ces mêmes eaux ne déposent pas, chez nous, de barégine.

Il y avait là une coïncidence assez remarquable pour que je dusse rechercher si ces deux produits ne sont pas dus à une même cause.

La sulfuraire se présente avec des caractères propres et constants; il n'y a pas à se méprendre sur sa nature. Son développement s'arrête dans les limites de certaines températures, parce que cette plante paie son tribut à la loi qui règle la naissance et l'accroissement des végétaux. Mais il me paraissait singulier qu'une substance morte, supposée dissoute, cessât de l'être aux hautes températures, alors que l'agent de dissolution a le plus de puissance. Cette matière morte qui s'obstinait ainsi à accompagner une matière vivante, à subir en quelque sorte la loi de ses mœurs et de son climat, ou n'était pas morte ou provenait de la première; elle était le résultat de la décomposition de l'autre.

Telle était ma pensée.

En adoptant ainsi la lumineuse distinction de M. Fontan en barégine et sulfuraire, je me séparais de lui, entraîné par la logique des faits, sur la question de préexistence de chacun de ces deux produits.

La sulfuraire était pour moi le fait initial, et la barégine le fait secondaire. La sulfuraire ne naissait pas sur la barégine. La barégine était le détritus de la sulfuraire.

Je revenais à l'opinion émise en 1836 par M. Séguier fils.

Je contrôlai par l'observation directe l'exactitude de mon raisonnement. Je fis passer un filet d'eau sulfureuse sur une lame de verre que je soumettais fréquemment à l'examen microscopique. Il se manifesta d'abord à la surface de la lame quelques filaments de sulfuraire. Leur nombre alla grossissant, et, au bout de quelques jours, la plupart étaient décomposés. Le produit de cette décomposition était une couche de barégine qui contenait encore les granules de la sulfuraire, lesquels résistent plus longtemps à la décomposition que leur enveloppe tubulée.

Ainsi il n'est pas douteux pour moi que la sulfuraire

ne précède la barégine, et que la barégine ne soit le détritus de la sulfuraire.

La couleur de la barégine affecte divers tons, elle est quelquefois d'un blanc grisâtre; on la voit ainsi à une des sources de la grotte du Teich, à la buvette Isabelle et à d'autres perdants.

Le plus souvent elle est verdâtre; dans ce cas elle est mélangée avec des débris de conferves, de vaucheries ou de zygnèmes.

Quelquefois enfin elle est d'une couleur rougeâtre qui varie du rose tendre à la lie de vin. Dans ce cas elle est colorée par des éléments minéraux que les eaux entraînent. Cette coloration est poussée à un point remarquable dans une des sources situées sur la rive droite du torrent d'Orlu, dans une autre source située dans le torrent d'Ascou, sur la berge gauche de celui-ci, à l'angle sud-ouest du pont du Breilh.

La sulfuraire est constamment blanche. Cependant elle est quelquefois, en apparence, colorée en rouge comme la barégine. Les houppes de sulfuraire se composent de sujets vivants et de sujets déjà morts. Les sujets vivants sont toujours blancs; les morts servent de supports à divers dépôts et particulièrement à

celui des matières rouges que certaines de nos eaux
charrient, et qu'elles prennent aux granites colorés
qu'elles traversent. Cette sulfuraire, d'apparence colorée, est très abondante dans une autre station thermale
de l'Ariége, dont je parlerai dans un travail spécial :
la station de Carcanières. Il n'est pas rare d'aper-
cevoir des filaments de sulfuraire égarés dans une des
cuvettes de la source Viguerie. Si on les recueille et
qu'on les place dans le champ du microscope, on voit
qu'ils ont perdu la netteté de leur organisation inté-
térieure, et qu'ils sont, au dehors, chargés de cristaux de soufre.

Ce sont là à peu près tous les caractères physiques
de nos eaux, mais elles contiennent des substances que
l'analyse seule peut révéler et qui les rendent très remarquables sous le rapport chimique.

CARACTÈRES CHIMIQUES.

La plupart de nos sources n'ont pas été analysées;
d'autres le furent par des procédés incorrects, et les
résultats de ces analyses sont traduits en un langage
vieilli.

Analyses ordinaires. — En 1785, Pilhes, à la prière des États de Foix, essaya les eaux d'Ax à l'action des réactifs chimiques. Cette analyse fut contrôlée par Chaptal. Il ne ressort maintenant de sa lecture qu'un médiocre enseignement.

J'ai dit plus haut qu'en l'an XII Thouret et Chaussier analysèrent à Paris l'*eau bleue*. Ils trouvèrent qu'elle contenait du muriate et du sulfate de magnésie, et un peu d'hydrogène sulfuré.

Le 28 germinal an XII, Chaptal, ministre de l'intérieur, chargea M. Dispan, professeur de chimie à la Faculté des sciences de Toulouse, de faire l'analyse des eaux du Teich. Par la même occasion ce chimiste fit aussi celle de deux sources du Couloubret. Le caractère du savant qui les a faites mérite qu'on conserve ces analyses soignées. Je les reproduis ci-contre :

	Eau bleue.	N° 4 du Teich.	Pyramide du Teich.	Bain fort du Couloubret.	N° 4 (Pilhes) du Couloubret.
Muriate de soude.	0,163	»	»	0,221	0,177
Muriate de soude et matière vé- géto-animale avec traces de soude.	»	0,775	1,292	»	»
Matière végéto-animale.	0,052	»	»	0,221	0,221
Carbonate de soude.	1,090	»	Trace.	0,708	0,619
Carbonate de chaux.	0,066	Trace.	0,083	»	»
Carbonate de fer.	»	Trace.	»	»	»
Oxyde de fer au maximum. . .	»	»	»	»	0,089
Oxyde de manganèse.	»	»	»	0,022	»
Oxyde de manganèse et magnésie	»	»	»	0,044	0,044
Alumine.	»	»	»	0,044	»
Silice indissoluble.	0,509	0,067	0,792	0,354	0,354
Silice dissoluble.	0,066	»	»	»	»
Silice en gelée.	»	0,167	»	»	»
Soude silicée.	»	0,292	0,175	»	»
Fer et alumine.	0,044	»	»	»	»
Magnésie.	Trace.	»	»	»	»
Perte.	0,510	0,183	0,075	0,288	0,266
TOTAUX. . .	2,500	2,084	2,417	1,858	1,770

En 1819, M. Magne Lahens, pharmacien distingué de Toulouse, fut chargé par M. le préfet de l'Ariége de faire l'analyse des eaux du Teich. Cette analyse fut faite avec beaucoup de soin pour deux sources seulement. En voici la reproduction :

	Sources n° 1.	Pyramides du Breilh.
Muriate de soude.	0,354	0,532
Matière végéto-animale.	0,390	0,426
Carbonate de soude desséchée.	0,815	0,090
Silice	0,390	0,442
Oxyde de manganèse.	0,036	0,036
Alumine.	0,018	0,036
Perte.	0,372	0,283
Totaux.	2,375	2,445

5

MM. Dispan et Magne Lahens reconnurent tous les deux que, à part ces éléments minéraux, les eaux d'Ax contiennent de l'hydrogène sulfuré dont ils ne purent apprécier la quantité.

Ainsi, des cinquante-huit sources d'Ax, sept seulement ont été analysées qualitativement et quantitativement.

Cette lacune dans l'histoire de nos eaux me fait ardemment souhaiter qu'un chimiste habile nous prête l'appui de son talent.

Mais si nous ne connaissons pas tous les principes minéraux contenus dans chacune de nos sources, nous ne sommes pas dans la même ignorance relativement à l'élément qui minéralise par excellence la plupart d'entre elles, et qui revendique la plus large part dans leur action médicale.

Déjà en 1836 M. Fontan avait déterminé, par les procédés de l'analyse ordinaire, les quantités de sulfure de sodium tenus en dissolution dans quelques unes de nos sources.

Analyse sulfhydrométrique. — Depuis cette époque, la méthode facile de M. Dupasquier a permis

au médecin de faire lui-même de telles analyses avec la
sûreté du chimiste.

J'ai voulu, à mon tour, connaître le pouvoir sulfureux des eaux confiées à ma direction, et voici quel a
été le résultat de mes recherches à cet égard.

Analyse sulfhydrométrique des principales sources d'Ax.

Noms des sources.	Grammes de sulfure de sodium.
Eau du torrent, pour terme de comparaison.	0,002649
Rossignol inférieur.	0,042233
Fontaine géminée des Canons.	0,040989
Rossignol supérieur.	0,039772
Source Viguerie.	0,032345
Source Roger-Bernard.	0,032345
Étuve de l'hôpital (source à droite).	0,032345
Fontaine Quod.	0,029833
Source du puits d'Orlu.	0,029833
Etuve de l'hôpital (source du milieu).	0,029833
Grotte (source à gauche).	0,024859
Fontan.	0,024859
Grotte (source du milieu).	0,023369
Saint-Roch (source à droite).	0,023369
Coustous (source du midi).	0,023369
Petite sulfureuse.	0,023369
Pyramide du Teich (à la douche).	0,019890
Pyramide du Breilh id.	0,018644
Grotte (source à droite).	0,017399
Coustous (source nord).	0,017399

Bain Fort nouveau.	0,017399
Étuve du Breilh.	0,017399
Fontaine n° 5 ou Patissier.	0,016215
N° 4 du Couloubret ou Pilhes.	0,016215
Bain Fort, ancien.	0,014913
Saint-Roch (source à gauche).	0,012429
N° 4 du Teich.	0,011160
Première source Astrié.	0,006224
Buvette Isabelle du Teich.	Non analysée.
Id. Rivière du Couloubret.	Id.
Source Majeure.	Id.
Id. Gaston Phœbus.	Id.

Le litre d'eau est l'unité de mesure de chacune de ces analyses.

Toutes les sources d'Ax ne figurent pas dans ce tableau, parce que nos eaux ne sont pas toutes sulfureuses.

Parmi celles qui s'y trouvent, toutes ne me paraissent pas être sulfureuses de la même manière. Il en est qui perdent leur principe sulfureux avec une grande rapidité, telles par exemple les *Canons*, les *Rossignols* et la *Pyramide* du Breilh ; d'autres qui le conservent longtemps, telles l'eau du *Bain Fort*, la *Petite sulfureuse*, la *Source Patissier*, la *Source Saint-Roch*, les *Coustous*, etc.

J'ai supposé, dans mes analyses sulfhydrométriques, que le principe sulfureux se trouvait dans nos eaux à l'état de sulfure de sodium, mais il est probable qu'il n'y a pas chez toutes la même uniformité de composition. Pilhes divisait les eaux d'Ax en deux classes, il appelait *savonneuses* celles qui déposent de la barégine, et *sulfureuses* celles qui déposent du soufre pur. Il ne parlait pas d'ailleurs des eaux qui ne sont pas sulfureuses, car, à son sens, toutes l'étaient. J'ajoute quelque chose à cette classification rudimentaire en attendant que des chimistes faits aux recherches minutieuses de l'art complètent la mienne.

Familles naturelles de sources. — Je divise les eaux d'Ax en trois familles distinctes ayant les caractères suivants :

Première famille. — 1° Elles n'ont pas d'odeur ;

2° Elles louchissent en blanc par l'acétate de plomb ;

3° Elles ne déposent pas de barégine.

Deuxième famille. — 1° Elles dégagent une odeur hépatique ;

2° Elles noircissent par l'acétate de plomb ;

3° Elles déposent de la barégine.

Troisième famille. — 1° Elles dégagent une odeur hépatique très marquée ;

2° Elles noircissent par l'acétate de plomb ;

3° Elles ne déposent pas de barégine et ne laissent sur leur passage que du soufre en nature.

Les conséquences à tirer de ces caractères sont celles-ci :

Les eaux de la première famille ne contiennent pas de soufre et ne renferment pas le principe nécessaire pour que la sulfuraire et subséquemment la barégine se produisent.

Les eaux de la seconde contiennent du soufre combiné, laissent naître la sulfuraire et se former la barégine.

Les eaux de la troisième contiennent du soufre libre, peut-être, ou un composé sulfureux capable de se résoudre aisément, et, à l'exemple des premières, elles ne permettent pas à la barégine de se former.

Voici le tableau de nos principales sources ainsi disposées en familles, avec la température de chacune d'elles en regard :

	La Basse.	24,00
	Rougerou.	24,50
	La Canalette	25,00
	Montmorency.	31,00
	Fontaine du jardin du Teich. . .	31,00
	Pompe du Teich.	32,00
1re FAMILLE.	N° 9 du Breilh.	33,00
	N° 1 du Breilh.	36,00
	Gourguette.	36,00
	N° 6 du Teich.	38,00
	N° 4 du Breilh.	41,50
	Longchamp du Breilh.	48,00
	Bleue.	48,00
	Anglada du Breilh.	51,00

	Pilhes.	39,60
	Saint-Roch (à gauche).	40,00
	Coustous (à gauche).	42,00
	Id. (à droite).	42,50
	Saint-Roch (à droite).	44,00
	Bain Fort (nouveau).	44,50
	Id. (ancien).	45,00
2e FAMILLE.	N° 4 du Teich.	46,00
	Première source Astrié. . . .	46,00
	Petite sulfureuse.	47,00
	Grotte du Teich (source à droite).	48,00
	Pyramide du Breilh.	52,00
	Grotte du Teich (à gauche). . . .	53,00
	Id. (au milieu). . .	55,00
	Fontan.	58,00
	Étuve du Breilh.	63,00

	Puits d'Orlu	64,00
	Fontaine Quod.	64,00
	Roger-Bernard.	64,00
	Pyramide du Teich.	65,70
3ᵉ FAMILLE.	Étuve de l'hôpital (à droite). . .	67,00
	Id. id. (au milieu). .	68,00
	Viguerie.	73,50
	Canons.	74,80
	Rossignol inférieur.	76,75
	Id. supérieur.	77,00

Sources alcalines. — Quelques unes des sources de la première famille sont manifestement alcalines ; la *Bleue* du Teich et la source *Anglada* du Breilh sont très remarquables à cet égard.

Il se peut que la *basse* qui rampe à la surface du sol et qui y traverse des couches épaisses d'humus, devienne accidentellement sulfureuse ; j'ai vu flotter quelques filaments de sulfuraire dans une des cuvettes où séjourne cette eau.

Toutes les sources de la deuxième et de la troisième famille sortent du granite et sont *sulfureuses naturelles*.

Enfin, pour compléter ces détails chimiques sur nos

eaux, je dois ajouter que la barégine elle-même a été examinée par Vauquelin en 1800, à la prière de Pilhes. Vauquelin déclara que ces glaires avaient une composition chimique analogue à celle de la corne.

En 1808, M. Dispan en fit de nouveau l'analyse et trouva que ces glaires sont rapidement putrescibles, qu'elles dégagent de l'ammoniaque pendant leur putréfaction; qu'elles produisent de l'acide acétique et un peu d'hydrogène sulfuré par leur séjour prolongé dans l'eau minérale ; qu'elles se dissolvent peu ou point dans l'eau, en partie dans les alcalis, parfaitement bien dans l'acide nitrique qui les convertit en acide muqueux, en acide oxalique, et principalement en amer jaune de Welter ; enfin qu'elles ne contiennent aucune base ni terreuse ni métallique.

Conservation en vases clos. — Mises en bouteilles, les sulfureuses de la deuxième famille s'altèrent, celles de la troisième ne s'altèrent jamais. M. Sériès fit mettre en bouteilles bien bouchées de l'eau des Canons. Six ans après, cette eau avait conservé tous ses caractères et ses qualités.

Les causes d'un fait aussi exceptionnel sont faciles à

6

apprécier. Les eaux sulfureuses des Pyrénées, enfermées en vases clos, s'altèrent parce qu'elles contiennent dans le goulot une certaine quantité d'air. Cet air est suffisant pour que le principe sulfureux soit directement modifié; il est suffisant aussi pour qu'il se développe dans ce milieu de la sulfuraire. La sulfuraire à son tour se change en barégine qui ne tarde pas à fermenter et à donner à l'eau un goût désagréable.

Nos eaux de la troisième famille, et en particulier les plus chaudes, mises en bouteilles, ont une température telle que leurs vapeurs chassent parfaitement l'air contenu dans le goulot. Si l'on bouche exactement et avec promptitude, la surface du liquide demeure en rapport avec les vapeurs ou les gaz qu'elle a elle-même fournis. C'est une atmosphère sans oxygène, qui ne change pas la constitution chimique du principe sulfureux et qui ne permet pas à la sulfuraire de naître.

Ce sont là les motifs pour lesquels ces eaux se conservent si bien en bouteilles.

Causes de la thermalité et de la sulfuration des eaux. — En jetant un coup d'œil d'ensemble sur les caractères physiques et sur les caractères chi-

miques des eaux d'Ax, on se convainc du peu de fondement des derniers systèmes imaginés pour expliquer la thermalité et la sulfuration des sources
chaudes.

La loi posée par M. Marchand, en vertu de laquelle
la température d'une source serait en rapport direct
avec la hauteur des masses granitiques au voisinage
desquelles celle-ci sourd, ne me paraît pas exacte. Si
nos eaux, chauffées à un même foyer, devaient leur
thermalité à l'action de celui-ci, elles ne présenteraient
pas de l'une à l'autre d'aussi grands écarts.

La loi de M. Fontan, qui tendrait à établir le même
rapport entre la hauteur des montagnes voisines et la
sulfuration des sources, ne me paraît pas plus vraie.
Si elle l'était, nos eaux auraient, à peu près toutes,
une même sulfuration.

Ainsi la cause de la thermalité et celle de la minéralisation de nos eaux demeurent cachées à nos investi-
gations.

Si, dans le champ des hypothèses, nous prenons la
plus probable, celle du feu central, il nous sera possible de comprendre, avec elle, que nos eaux aient une
chaleur variée et une composition chimique différente,

suivant la hauteur d'où elles proviennent et la nature des terrains qu'elles traversent.

De nombreuses observations tendent à prouver que la température de notre planète augmente de 1 degré centigrade par 30 mètres environ de profondeur.

En supposant ces observations fondées, la source du Rossignol supérieur, qui a 77 degrés centigrades, ne saurait acquérir une telle chaleur qu'à la condition de parcourir 2,310 mètres de hauteur verticale. Ce chiffre est à peu près celui de l'altitude des étangs d'*en Beich* et de *Lanoux*. Mais à cette première cause de production de chaleur il faudrait ajouter la pression des diverses couches d'eau les unes au-dessus des autres, et enfin le frottement contre les parois des conduits subterranés. Malheureusement le point de départ de l'eau et la rapidité de son courant n'étant pas connus, il est impossible de déterminer l'appoint de chaleur que lui donne chacun de ces éléments.

En l'absence de cause bien plausible de la chaleur naturelle de quelques sources, Richardot disait qu'elles sont thermales parce que telle est la volonté de Dieu. Si quelque chose en effet console la raison humaine de ses infirmités et de sa faiblesse, c'est de penser

qu'il n'est pas jusqu'aux écarts de la nature qui ne
soient réglés par la main de Dieu et que sa providence
ne fasse tourner au bien de l'humanité.

CHAPITRE III.

AMÉNAGEMENT THERMAL.

Il y a à Ax :

1° Des sources qui se perdent sans être utilisées ;

2° Des sources employées aux usages de la vie domestique et aux besoins de l'industrie ;

3° Des sources affectées au service sanitaire.

§ I. — Sources sans emploi.

Les sources qui se perdent n'ont pas reçu de noms
particuliers. Il me suffira de désigner le lieu où elles
se trouvent :

1° Une source sulfureuse à haute température, très
abondante, à l'angle ouest de la culée méridionale du
pont du Breilh.

2° Trois sources sulfureuses à la température de 45 à 55 degrés environ, sur la berge gauche du torrent d'Ascou, en aval du pont du Breilh, sous le jardin de Florence.

3° Trois sources sulfureuses, dont deux à haute température, sur la berge gauche du torrent d'Ascou, à quelques mètres en amont du pont.

4° Divers naissants en amont des précédents, dans le lit même du torrent d'Ascou, en face de l'usine de Florence.

5° Une source thermale simple, sur la berge droite du torrent d'Ascou, à une quinzaine de mètres en aval du pont du Breilh.

Cette source est quelquefois volumineuse, mais ce volume éprouve des variations fréquentes. La température de cette eau n'est pas constante, elle est d'environ 30 degrés.

6° Sept sources captées l'une à côté de l'autre sur la rive droite du torrent d'Orlu, dans le jardin de mademoiselle Rivière. Ces sources sont toutes sulfureuses. Elles ne sont pas si bien séparées qu'elles ne communiquent quelque peu les unes avec les autres. Leurs températures sont comprises entre 40 et 64 degrés.

La plus abondante est aussi la plus chaude. Elle débite un volume considérable d'eau.

7° Divers naissants sur les deux rives et dans le lit du torrent d'Orlu.

8° Une fontaine dans le jardin de mademoiselle Rivière, sur la rive droite du torrent d'Orlu. Sulfureuse, très légère, probablement accidentelle, marquant au thermomètre 31 degrés, avec de fréquentes variations.

9° Divers naissants dans plusieurs maisons de la ville, dans plusieurs jardins, et notamment dans celui de l'hospice.

Toutes ces eaux pourraient être facilement employées aux usages de la vie domestique ou aux besoins de la médecine, mais les autres sont assez abondantes pour qu'il soit inutile de recourir à celles-ci.

§ II. — Sources économiques et industrielles.

Les sources employées aux usages de la vie domestique et de l'industrie sont les suivantes :

1° La fontaine géminée des Canons. Cette fontaine,

située sur la place du Breilh, coule constamment avec le même volume et la même température.

2° La fontaine du Rossignol inférieur.

Cette fontaine, située aussi sur la place du Breilh, à quelques pas au Nord-Ouest de la précédente, a un volume et une température invariables.

3° La source du Rossignol supérieur, captée à l'Est de la précédente, dans un réservoir couvert, n'est pas apparente; son volume et sa température sont toujours les mêmes.

Son débit se divise en deux parts, l'une, qui se rend au lieu dit le Couzillou, pour alimenter la fontaine placée vis-à-vis de l'hôtel Boyé; l'autre, à l'établissement thermal le Couloubret. Cette source fournit donc un filet *économique* et un filet *sanitaire*. Il sera parlé de ce dernier en temps et lieu.

4° La source dite de l'Étuve, que j'appelle source Roger-Bernard, afin d'éviter la confusion. Elle coule au coin Sud-Est du bassin des Ladres. Cette source a un volume et une température constants. Elle naît à côté de l'étuve de l'hôpital. Son débit est moyen.

5° La source *aux Yeux*. Elle coule à l'angle Nord-Est du bassin des Ladres. Son volume est très médiocre.

6° Le *bassin des Ladres*. Ce bassin est entretenu par de nombreux naissants. Deux très considérables se font remarquer dans sa berge méridionale. Ce bassin reçoit l'appoint de la source Roger-Bernard, de la source aux Yeux, et d'une source innominée placée au milieu de sa berge méridionale.

7° La fontaine géminée du *Coustou*, qui coule dans la rue du Coustou. Température et volume constants.

8° La source du *Foulon de Florence*. Elle naît dans l'hôpital et est amenée directement au Foulon de Florence.

Toutes les sources qui précèdent sont sulfureuses naturelles.

9° Un filet de la source *Rougerou* et un filet de la *Basse* entretiennent le bassin dit *de la Basse*, au Couloubret.

Ainsi, dans le quartier du Teich, il y a une seule fontaine économique : la fontaine géminée du *Coustou*.

Dans le quartier du Couloubret, un seul bassin affecté aux usages de la vie commune : le *bassin de la Basse*.

Mais dans le quartier de Breilh nous trouvons :

7

La fontaine géminée des Canons ;

Le Rossignol inférieur ;

Le Rossignol supérieur ;

La source Roger-Bernard ;

La source aux Yeux ;

Le bassin des Ladres ;

La source du Foulon de Florence.

Relations naturelles des sources. — La plupart des sources que je viens de mentionner ont entre elles des relations que les faits rendent évidentes.

Il suffit de fermer les tuyaux des Canons pour que les Rossignols augmentent de volume, et *vice versâ*.

Les Rossignols eux-mêmes ne formaient pas autrefois deux fontaines séparées. Pilhes, qui écrivait en 1787, ne parle que d'un seul Rossignol.

Le naissant le plus volumineux du bassin des Ladres a la température, à peu près, de l'eau des Canons.

Il est probable aussi que la source qui figure au n° 1 de celles qui se perdent provient encore de là.

Il y a très certainement sur la place du Breilh, et

très approximativement à l'entrée du Coustou, une
seule source à 80 degrés environ qui alimente les
Canons, les deux Rossignols, quelques naissants du
bassin des Ladres, et quelques naissants égarés dans la
berge gauche du torrent d'Ascou.

Cette source hypothétique serait placée au sud-ouest
de la place de Breilh. Le groupe de sources qu'elle alimente actuellement a une température moyenne de
75 degrés.

Au sud-est de la place du Breilh, il y a un autre
groupe de sources composé de :

La source Roger-Bernard ;

Plusieurs naissants du bassin des Ladres ;

La source de Florence ;

Quelques naissants signalés dans le jardin de l'hôpital ;

Enfin les deux sources sanitaires de l'étuve de l'hôpital, et la source sanitaire de l'étuve du Breilh dont
il sera parlé plus loin.

La température commune de ce groupe est d'environ
65 degrés.

Il est probable que ces diverses eaux qui ont les

mêmes caractères physiques et les mêmes caractères
chimiques, et qui sourdent en un même lieu, sont
les manifestations extérieures d'une seule et même
source placée dans la chapelle de l'hôpital.

Cette eau sourd sans doute du granite à une certaine
profondeur, et se divise, avant d'arriver à la surface
du sol, en plusieurs veines dans le terrain de poudingues
dont la place du Breilh est formée.

Ainsi les relations souterraines des diverses artères
du groupe Ouest sont de toute évidence. Les eaux en
ont, à des différences insignifiantes près, la même
température. D'une autre part, il suffit de changer les
conditions d'écoulement de l'une d'elles pour que le
volume des autres s'en ressente immédiatement.

Bien que les relations souterraines des divers rameaux du groupe Est ne soient pas aussi certaines,
elles sont cependant très probables. Elles le deviennent davantage si, à la probabilité tirée de l'examen
même des sources, on ajoute que l'on tarit les eaux du
jardin de l'hôpital quand on creuse profondément en
dehors de ses limites, et *vice versâ*.

Cet enseignement est d'expérience; il est consigné

dans une lettre écrite par la municipalité d'Ax à M. le préfet de l'Ariége, le 4 août 1818.

Ces explications étaient utiles pour porter quelques lumières dans la discussion de questions de propriété ou de projets d'améliorations.

La ville d'Ax et mademoiselle Jeanne Marie Rivière disputent entre elles la propriété des sources de la place du Breilh.

Questions de propriété et projets d'améliorations. — Voici très sommairement les faits :

Le 21 février 1785, la ville d'Ax afferma par bail d'amodiation au sieur Authier Orlu aîné les bains et eaux thermales d'Ax, moyennant 500 francs par an, à la condition de diverses charges, et notamment celles de donner aux gens de la commune les boissons gratis, les bains pour 25 centimes l'un, et de laisser les habitants puiser aux sources concédées l'eau nécessaire aux usages ordinaires de la vie.

La loi du 24 août 1793 fit entrer les propriétés communales dans le domaine de l'État.

L'État devint ainsi propriétaire de ce que la ville d'Ax avait affermé à M. Authier Orlu.

Le 22 prairial an IV, l'État vendit à divers acquéreurs ce dont était mention dans l'acte du 21 février 1785, avec et moyennant les droits réciproques
de la ville et du fermier.

Les droits principaux de la ville étaient les réserves
mentionnées plus haut.

Les droits du fermier étaient, entre autres, le rem-
boursement des avances par lui faites pour l'amélio-
ration des bains.

Le fermier justifia d'une dépense de 1,000 francs
par lui faite, en 1787, au bain dit Montmorency.

La rente annuelle de 500 francs, multipliée par 18,
conformément à l'article 6 de la loi du 18 ventôse
an IV, assigna aux sources et bains une valeur ad-
judicative de. . . . .   9,000 fr.

On ajouta à cette somme les 1,000
francs réclamés par le fermier, ci . . .   1,000

Et le prix total d'adjudication et de   _____
vente fut. . . . .   10,000 fr.

A la charge par l'acquéreur de tenir les engage-
ments contractés, c'est-à-dire, de laisser jouir le fermier
aussi longtemps que l'acte d'afferme lui en donnait le
droit, ou de l'évincer en se conformant aux lois exis-

tantes sur la matière et de maintenir à la ville les usages que celle-ci avait réservés pour ses habitants.

M. Pierre Astrié, adjudicataire, déclara, conformément à l'article 6 de la loi du 13 thermidor an III, qu'il avait acquis les bains et eaux thermales d'Ax : deux douzièmes pour lui, sept douzièmes pour M. Pilhes, et trois douzièmes pour M. Authier Orlu aîné.

M. Authier Orlu aîné, devenu acquéreur pour une part, renonça à son bail.

Aujourd'hui tous ces acquéreurs sont représentés par mademoiselle Jeanne Marie Rivière.

Celle-ci est donc propriétaire de tout ce qui, en 1785, fut affermé à M. Authier Orlu aîné, à charge des mêmes usages.

La commune, d'un autre côté, malgré la netteté des titres, affirme qu'en 1785 elle n'avait pas entendu affermer au sieur Authier Orlu les sources qui étaient indispensables aux besoins de ses habitants. Elle allègue d'ailleurs qu'elle n'a pas cessé de jouir, *animo domini*, et qu'elle a fait des actes patents de propriété.

J'espère que les tribunaux ne videront pas ce litige, et que ce différend sera réglé par transaction.

La commune d'Ax et mademoiselle Rivière ont besoin de sources distinctes, et il y a à Ax assez d'eau thermale pour satisfaire tous les désirs.

La ville ne peut pas, sans de graves inconvénients, perdre l'usage des *Canons*, du *Rossignol inférieur*, du *bassin des Ladres* et de la source *Roger-Bernard*.

Mademoiselle Rivière ne peut pas se dessaisir du filet que le *Rossignol supérieur* fournit au Couloubret, lequel est indispensable au service balnéaire. Elle doit même se réserver la totalité de cette source, pendant la saison thermale, dans le cas où son établissement recevrait de l'extension.

Le filet que le Rossignol supérieur envoie au lieu dit le Couzillou serait alors facilement remplacé par les sources qui sourdent sur la berge gauche de la rivière d'Ascou et qui se perdent dans le torrent.

Il est juste que la ville d'Ax jouisse des avantages que la nature lui a donnés.

Il est nécessaire aussi, dans l'intérêt public, que l'industrie balnéaire, qui est la plus importante du département de l'Ariége, dispose de toutes les eaux qui lui permettent de soutenir avec les établissements rivaux une concurrence utile au pays et à l'humanité.

Si donc, par voie de concessions réciproques, la commune d'Ax et mademoiselle Rivière terminent leurs différends ; si, d'un consentement commun, la ville devient propriétaire de quelques sources de la place du Breilh, et mademoiselle Rivière de quelques autres, les deux parties devront se souvenir des relations souterraines que j'ai dit exister entre ces sources, et, afin d'éviter de nouveaux conflits, elles devront faire capter à l'avance la source unique du groupe Ouest, se la distribuer dans des proportions numériques, et définir la hauteur de la cuvette qui la recueillera.

Ces difficultés réglées, viendra sans doute l'ère des améliorations, depuis trop longtemps à l'état de projets.

Il sera possible de tirer la belle source des *Canons* de l'humble demeure qu'elle occupe, et de lui donner sur la place du Breilh un monument digne d'elle.

Il deviendra aisé de déplacer le *bassin des Ladres*, qui dépare la place du Breilh, et qui, ayant perdu son ancienne destination, n'a plus besoin de se trouver aux approches de l'hôpital.

8

Mademoiselle Rivière, désireuse de vendre ses établissements, pourra appeler, au grand avantage du
pays, une compagnie, puissante par les capitaux, sans
lui léguer les éventualités d'un procès et une propriété
contestée.

Maîtresse désormais de magnifiques sources qui
joignent à leur abondance le mérite d'être les premières de France parmi les eaux à température constante, la ville d'Ax pourra en disposer dans le sens
d'une utilité générale bien entendue. Elle pourra in-
voquer au besoin, pour le bien de ses habitants, le bé-
néfice de la loi sur les bains et lavoirs publics, chauffer
artificiellement son hôpital et ses salles d'asiles, construire enfin un édifice commun parcouru par les eaux
chaudes où les pauvres pourraient, en toutes saisons,
vaquer aux soins de leurs ménages à l'abri des intem-
péries de l'air.

Par ces mesures, la ville d'Ax réparerait les malheurs
de la révolution, qui lui enlevait ses forêts le jour
même où elle la dépouillait de ses eaux.

Enfin la cité d'Ax acquerrait de nouveaux droits à
l'obtention de cet hôpital militaire, succursale de Baréges, depuis si longtemps et si vainement réclamé.

Réclamé par le vœu unanime des habitants ; par celui, chaque année renouvelé, du conseil général ; par les besoins d'un pays pauvre, que le soleil des faveurs visite rarement ; par une contrée qui avait des forges et qui n'en a guère plus ; qui a des forêts et point de routes pour les exploiter ; qui concourt aux grands travaux et qui en profite peu ; par un département qui n'a d'autre avenir que celui que lui préparent ses eaux minérales ; mais réclamé, par-dessus tout, par les hommes compétents, par la santé même de nos soldats, et par l'économie de nos finances.

Détails historiques. — La source des *Canons*, la source *aux Yeux*, la source *Roger-Bernard* et les eaux du *bassin des Ladres* furent, jusqu'en 1750 à peu près, employées aux usages sanitaires.

Il est utile de recueillir ici, en passant, la tradition qui les concerne. Il y a toujours un fond de vérité dans les enseignements des siècles.

L'eau du bassin des Ladres était employée contre les *maladies de la peau*, les *plaies* et les *ulcères rebelles ;* l'eau des Canons, contre les *maladies de l'estomac ;* et la source aux Yeux, contre les *maladies des yeux*.

Cette thérapeutique était, à l'état de rudiment, la thérapeutique même de nos jours.

J'établirai plus loin que nos eaux agissent efficacement contre :

Les affections cutanées ;

Les maladies rhumatismales ;

Les maladies des membranes muqueuses ;

Quelques cachexies, et en particulier la cachexie scrofuleuse.

Le langage vieilli du temps nous traduit ces mêmes classes.

En ce qui concerne les maladies cutanées et la catégorie des douleurs, nous parlons à peu près la langue de nos pères ; mais les anciennes vertus des eaux d'Ax contre les maladies de l'estomac et celles des yeux seraient, sans quelques explications, moins intelligibles.

Par l'effet d'une diagnose grossière, et sous l'empire d'ailleurs des idées galéniques, la plupart des maladies de poitrine étaient classées parmi les maladies de l'estomac ; c'était encore l'estomac que l'on considérait comme le foyer du mal, quand des affections de la vessie ou des organes génitaux y provoquaient, chez les femmes surtout, des douleurs sympathiques. Pour nos ancêtres, les grandes affections catarrhales avaient leur point de départ à l'estomac.

Enfin, à l'époque où la médecine française était dans les langes, la source *aux Yeux* était celle qui guérissait un symptôme, pris alors pour une maladie, — l'ophthalmie chronique, — la plus commune assurément des manifestations de la scrofule.

Ces résultats de l'expérience étaient si constants, qu'avant Bordeu, toutes les sources sulfureuses des Pyrénées avaient les mêmes vertus; on trouvait presque dans toutes les stations, une source qui avait des vertus contre les maladies des yeux, sinon plusieurs. Les autres étaient bonnes pour les maux d'estomac, les plaies, les maladies de la peau. Bordeu, le premier, établit des distinctions dans les qualités, distinctions dont l'intérêt local a fait depuis un étrange abus.

Les sources de la place du Breilh sont fort anciennes, elles sont mentionnées dans une chronique catalane du IVe siècle.

J'ai déjà dit que le bassin des Ladres fut fait le 13 octobre 1260.

La source des Canons, qui coulait autrefois à la surface du sol, fut abritée dans un édifice en forme de fontaine le 5 mai 1789; elle fut reculée de quelques mètres en 1816 et placée dans le lieu qu'elle occupe aujourd'hui.

C'est en 1785 que fut creusé le bassin de la Basse.

La fontaine géminée du Coustou fut amenée dans la rue du Coustou vers l'an 1825.

Ce fut à peu près à la même époque que le Rossignol supérieur fut capté à part et séparé du Rossignol inférieur.

Le Rossignol inférieur, qui sourdait en nappe, fut changé en fontaine en mai 1850.

Enfin la source qui se rend au Foulon de Florence fut concédée à celui-ci, il y a environ 400 ans, par l'hôpital, moyennant une rente annuelle et perpétuelle de seize sols par an.

Usages. — La double source des Canons, celle du Rossignol inférieur et le filet du Rossignol supérieur qui entretient la fontaine du Couzillou, servent à tous les usages domestiques où l'eau chaude est nécessaire.

On y trempe la soupe, on y fait cuire les légumes, on y dépile les porcs, etc.

Le bassin des Ladres et celui de la Basse servent à laver le linge, le premier à chaud (42 degrés environ), le second à froid (20 degrés environ).

Le perdant des Canons, celui du Rossignol inférieur, et enfin celui du bassin des Ladres, viennent se réunir dans une cuvette commune, au centre de la place du Breilh, et toutes ces eaux, mélangées là, sont amenées, par un même conduit, au sud-ouest du pont du Breilh, où elles sont utilisées au lavage des laines. La laine est posée à cet effet dans une claie parcourue par l'eau chaude sus-mentionnée et par de l'eau froide détournée du torrent d'Ascou. Ces eaux se mélangent dans son intérieur. On foule la laine dans la claie avec les pieds ; quelques minutes suffisent pour la dépouiller parfaitement de son suin. Les laines ainsi lavées sont très estimées, et cette industrie est une des plus anciennes du pays.

La source qui va à l'usine de Florence a la même destination ; elle sert à laver de la laine qui, après le décrusage du lavoir public, a déjà reçu la couleur et même le tissage.

§ III. — Sources sanitaires.

Les sources affectées aux usages de la médecine sont aménagées dans trois établissements distincts ou à leurs approches.

Ces établissements ont reçu les noms des quartiers dans lesquels on les a bâtis.

On les appelle *Couloubret*, *Teich*, *Breilh*.

COULOUBRET.

Détails historiques. — J'ai dit que les sources publiques de la place du Breilh furent aussi des sources sanitaires jusque vers le milieu du xviiie siècle.

A cette époque, on dressa dans le quartier du Couloubret des baraques de planches, à l'œil même de quelques sources que l'on venait d'y découvrir. Ces eaux nouvelles opérèrent des guérisons surprenantes, si bien que la ville d'Ax s'en émut et fit bâtir, en 1780, l'établissement dit le Couloubret, afin que les étrangers fussent plus convenablement abrités.

Cet établissement fut construit d'après le plan, les indications et la direction du docteur Pilhes, alors intendant des eaux d'Ax.

PL. A.

GROUPE du COULOUBRET, établissements de bains, à AX, (Ariège)
D'après les dessins de M. DELOR, Archte.

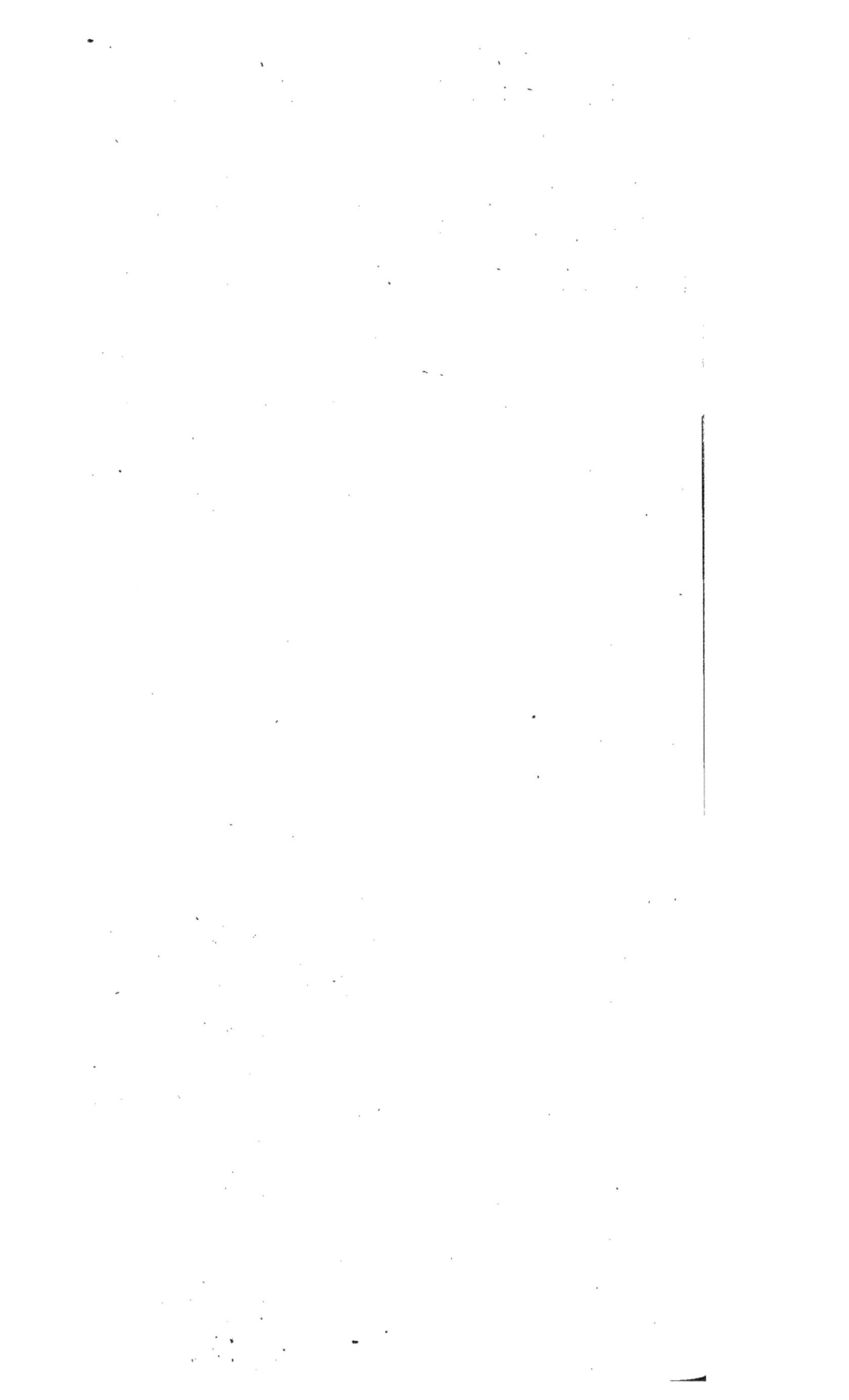

Certes le Couloubret était loin de répondre à l'importance des eaux qui l'alimentaient. La ville le comprit et résolut de le donner par bail d'amodiation à M. Authier Orlu, faisant au locataire de larges concessions dans le but de l'engager à donner de l'extension à l'industrie balnéaire, autant dans son intérêt que dans celui du pays.

Des esprits éminents avaient visité les sources d'Ax. Déjà, en 1754, le célèbre Vénel avait dit qu'elles seraient un jour aussi fréquentées que celles de Barèges. Chaptal, avec lequel Pilhes entretenait des relations, pensait que le principe sulfureux n'était nulle part en aussi grande abondance qu'à Ax. Tout semblait indiquer que l'avenir de la communauté d'Ax et peut-être celui de la contrée tout entière était dans le développement de l'industrie balnéaire. Les États du Pays de Foix, pénétrés de cette pensée, avaient ordonné des travaux scientifiques pour mettre en lumière les qualités médicales des eaux d'Ax et d'Ussat, et, dans la ferveur de leurs espérances, ils avaient, pour rendre plus facile l'accès de ces deux stations, fait tracer, à travers des difficultés sans nombre, la route dite aujourd'hui n° 20.

C'est dans cet état d'exaltation des esprits, en pré-

sence des sacrifices faits par la Province elle-même,
sous l'heureuse impression de l'augure prononcé par
les hommes les plus compétents de l'époque sur la destinée de ce pays, que fut conclu l'acte de bail à ferme
du 21 février 1785.

L'industrie des eaux minérales n'était plus à son
berceau dans les Pyrénées, et l'on savait ce que vaut
pour un pays la célébrité de ses sources.

Déjà les Eaux-Chaudes avaient été fréquentées par la
cour de Navarre ; déjà Louis XV avait fondé l'hôpital
militaire de Barèges ; déjà madame de Maintenon y avait
conduit le jeune duc de Maine ; déjà les Eaux-Bonnes,
primitivement vantées par Jean d'Albret, après la ba-
taille de Pavie, comme guérissant les plaies par arque-
buse, avaient vu leurs vertus médicales prendre une
autre direction et une plus utile renommée sous la
plume savante de Bordeu.

Ainsi la visite des têtes couronnées, le séjour des
familles opulentes, les travaux des médecins illustres,
les chants des poëtes, et, comme conséquence, une
augmentation de la fortune publique, voilà ce que les
eaux minérales avaient fait à Barèges, Bonnes, Cauterets, Eaux-Chaudes.

C'est sous les inspirations de tels exemples qu'**Ax**
voulut aussi prendre sa place parmi les cités hydro-
minérales des Pyrénées, et qu'elle signa le bail à
locatairie dont j'ai parlé.

Les malheurs publics de 93 déjouèrent ses prévi-
sions. Les sources d'Ax furent confisquées par l'État
et vendues au profit de ce dernier.

Aujourd'hui le Couloubret appartient à mademoiselle Rivière. Il est demeuré à peu près tel que le
fermier l'abandonna en l'an IV, ayant subi depuis l'in-
jure de soixante années. Ce n'est pas que mademoiselle Rivière ne comprenne le besoin de le réparer.
La vétusté ne le rend pas respectable à ses yeux ;
mais les fortunes particulières ne suffisent pas à
l'achèvement des grands travaux, et, pour donner aux
eaux du Couloubret un monument digne de leurs
vertus, il ne serait pas trop de l'association de nombreux capitaux ou de la main puissante de l'État.

L'esprit d'entreprises pourrait faire dans ce pays
de belles opérations. Le temps n'est peut-être pas
éloigné où une Compagnie achètera les bains d'**Ax**

pour les faire valoir convenablement. Dès ce jour, le Couloubret actuel sera détruit et remplacé par un autre monument en rapport avec les besoins de l'époque et les progrès de l'art.

Quand cette station thermale aura acquis la place qu'elle mérite d'occuper dans la confiance publique, nos neveux chercheraient vainement dans des traditions infidèles les éléments de son histoire. Je les consigne ici, moins pour offrir la construction du Couloubret comme un modèle que pour soustraire son passé à l'oubli.

J'ai dit que jusque vers l'an 1750 les sources de la place du Breilh ne cessèrent pas d'être en même temps *sanitaires* et *économiques*, mais qu'à cette époque on éleva des baraques mobiles au griffon de quelques sources découvertes dans le quartier du Couloubret.

En 1765, on avait déjà mélangé les sources et fait deux bains doux et un bain fort. Les bains doux étaient alimentés par quatre sources différentes dont le mélange produisait une température moyenne de 25 degrés Réaumur; le bain fort était alimenté par une source à 35 degrés Réaumur.

En 1780, ees constructions provisoires furent remplacées par des constructions définitives composées d'un groupe de bâtiments, à savoir :

Le Couloubret ;

Montmorency ;

Le Bain Fort.

Le bassin appelé depuis de la Basse.

Le Couloubret avait onze cabinets.

Les cabinets 1 et 2 étaient alimentés par la Gourguette. On ne saurait dire avec quelque précision quelles eaux recevaient les autres.

Dans le corridor de cet édifice étaient trois fontaines : deux d'agrément, et une, — la Canalette, — employée aux usages de la médecine.

Le Bain Fort avait deux cabinets alimentés par un mélange de la source du Bain Fort, dont la température était de 35 degrés Réaumur, et de la source du ruisseau ou *Majeure*, dont la température était de 39 degrés Réaumur.

Entre les deux cabinets du Bain Fort coulait une fontaine entretenue par le mélange des deux sources précédentes, et dont la température était de 37°,75 Réaumur.

A Montmorency il y avait deux cabinets à douches. Les douches étaient alimentées par l'eau de l'étuve de l'hôpital, que l'on amenait de la place du Breilh. Entre les deux cabinets coulait une fontaine entretenue par l'eau refroidie des douches, et qui avait 38 degrés Réaumur.

M. Sériès nous apprend que la dénomination de Montmorency fut consacrée par la reconnaissance des fondateurs envers une dame de la maison de Montmorency, qui s'y baigna la première et donna aux propriétaires une certaine somme d'argent.

Au Sud-Ouest de Montmorency, il y avait un bassin ayant à peu près vingt-cinq mètres carrés de surface. On le remplissait le soir avec de l'eau de l'Etuve, celle-là même qui alimentait les douches. Cette eau se refroidissait pendant la nuit, et, le matin, les malades prenaient là des bains de piscine. C'était l'ancienne pratique du bassin des Ladres, transportée au Couloubret.

En 1787, on amena au Couloubret la source dite alors *des pauvres*, appelée depuis numéro 4, et que j'ai appelée source Pilhes, afin d'attacher à jamais le nom de cet homme de bien à l'établissement qu'il a créé, et auquel ses écrits donnèrent de la renommée.

A cette époque on ajouta au Nord de l'établissement de Montmorency une nouvelle loge à deux baignoires. Celles-ci furent entretenues par deux sources : l'une, — celle de l'Étuve, — qui servait aux douches ; l'autre, — la source Montmorency, — naissant sur le lieu même et captée dans ce but.

M. le ministre de l'intérieur ayant désiré avoir le plan de chaque établissement d'eaux minérales de France, M. le préfet de l'Ariége, pour se conformer à l'ordre qu'il avait reçu, chargea, le 2 août 1821, M. Belvèze aîné, géomètre de Pamiers, de faire le plan des établissements de l'Ariége. Ce plan témoigne qu'à cette époque les dispositions du groupe du Couloubret n'étaient pas changées.

Mais depuis on a ajouté au Bain Fort quatre cabinets alimentés par une nouvelle source. L'édifice qui les contient a été appelé *Bain Fort* (*nouveau*), et, par opposition, celui qui le précédait en date a pris le nom de *Bain Fort* (*ancien*). Il y a là une nouvelle buvette appelée buvette du *Bain Fort* (*nouveau*).

La fontaine de Montmorency a été détruite.

L'eau des douches a reçu, comme appoint, un filet du Rossignol supérieur.

Au Couloubret on a remplacé une des fontaines d'agrément par la fontaine Pilhes.

Enfin le bassin n'est plus employé aux usages balnéaires ; il ne sert qu'au lavage du linge. Il est entretenu par un filet de la Basse et un filet de Rougerou, et on le nomme maintenant *Bassin de la Basse.*

Ainsi de nos jours le groupe balnéaire du Couloubret se compose :

1° Du Couloubret proprement dit ;

2° De Montmorency ;

3° Du Bain Fort (ancien) ;

4° Du Bain Fort (nouveau).

Il serait difficile de bien saisir les détails dans lesquels je vais entrer à propos de ce groupe, sans le secours d'un plan. Ce plan est reproduit dans la planche A.

Au premier aperçu, l'aspect du plan donne une idée exacte de la position respective des quatre établissements qui composent le groupe Couloubret.

Ce groupe est alimenté par quatorze sources dont voici les noms :

Gourguette ;

Source Pilhes;

Source Gaston-Phœbus;

Canalette;

Basse;

Rougerou;

Pompe;

Etuve;

Rossignol supérieur;

Montmorency;

Majeure;

Bain Fort (ancien);

Bain Fort (nouveau);

Buvette nouvelle du Couloubret, ou buvette
Rivière.

Origine et trajet des eaux. — La Gourguette
naît à l'angle Sud-Est du Couloubret, au point
étoilé A (1).

Cette source est amenée directement dans son réservoir, en passant sous la baignoire du cabinet n° 1.

Elle alimente les cabinets n° 1 et n° 2.

(1) Tous les points étoilés du plan indiquent des griffons de
sources ; et les points pleins, des cuvettes de distribution.

10

Source Pilhes. Elle naît sur la promenade du Couloubret, au centre de la *Cuvette Pilhes* du plan.

Source Gaston-Phœbus. Elle naît à quelques mètres au Sud-Est de la source Pilhes, et va se déverser dans la cuvette de celle-ci.

La source Pilhes et la source Gaston-Phœbus, ainsi mélangées, se rendent par un tuyau dans le réservoir Pilhes du Couloubret, lequel réservoir alimente les cabinets 3, 4, 4 *bis*. Le tuyau de conduite fournit, dans l'intérieur même du réservoir Pilhes, un rameau qui va entretenir la fontaine Pilhes, située au point C.

La Canalette prend naissance à l'origine du mur qui sépare l'étendoir des laines de la promenade du Couloubret. Elle est amenée au Couloubret par un tuyau qui se coude à gauche, au voisinage de la cuvette Pilhes. Ce tuyau va passer à la partie postérieure du réservoir de la Gourguette et du réservoir Pilhes, et va se jeter dans son réservoir, situé derrière les cabinets 7 et 8.

La Basse naît à la base du mur qui sépare l'étendoir des laines de la promenade du Couloubret, à quelques mètres au Sud de l'établissement Montmorency.

Cette eau est amenée dans une première cuvette F.

Là elle se divise en deux parts, l'une, qui se rend par un tube coudé à la cuvette S, l'autre par un tube droit à la cuvette G.

A la cuvette S l'eau de la Basse reçoit l'appoint d'une partie de celle de Rougerou, et ce mélange est amené par un tuyau au réservoir qui est derrière les cabinets 5 et 6 du Couloubret, en passant le long du mur antérieur du réservoir de la Gourguette et du réservoir Pilhes. Dans le réservoir propre à cette eau, le tuyau d'amené fournit un rameau qui va alimenter la fontaine située au point D.

L'eau de la cuvette G se divise en trois parts; l'une, qui se dirige en H pour le service des douches; l'autre, en I pour l'entretien du *Bassin de la Basse*; l'autre enfin, en G, K, L, dans une nouvelle cuvette L.

L'eau de la cuvette L se divise en deux parts: l'une dirigée en M, où elle sert d'appoint à l'eau Montmorency; l'autre én N, O, P, Q, pour fournir de l'eau froide au *Bain Fort* (*ancien*) et au *Bain Fort* (*nouveau*), jusqu'au point Q, où l'excédant se perd.

Ainsi la *Basse* fournit de l'eau aux cabinets n°ˢ 5 et 6 du Couloubret, aux cabinets 1, 2, 3, 4, 5, 6 des

Bains Forts, à Montmorency, aux douches et au bassin public dit *de la Basse.*

Source Rougerou. — Elle sourd sur la promenade du Couloubret, en un lieu qui n'a pu trouver place dans le cadre de mon plan. Cette eau est amenée directement dans la cuvette R. Là elle se divise en deux parts, à savoir : une première qui va entretenir le bassin de la Basse et une deuxième qui va dans la cuvette S se mélanger avec la source Basse pour se rendre de là avec elle dans le réservoir qui est propre à ce mélange.

La Pompe. — Cette eau est composée d'une foule de naissants captés dans un bassin découvert situé au Sud de l'établissement Montmorency. Une pompe l'élève à une hauteur convenable pour qu'elle puisse être mélangée avec l'eau chaude des douches et servir à l'usage des douches.

Étuve. — Il y a dans l'ancienne étuve de l'hôpital deux sources, à savoir : la source du *milieu* et la source à *droite.* Après avoir, en coulant dans le lieu où l'on prend les étuves, rempli ce lieu de vapeurs, ces deux eaux sont amenées dans un tuyau commun entre le bassin des Ladres et l'hôpital. A l'angle Nord-

Est du bassin des Ladres, ce tuyau se coude vers l'orient et vient amener l'eau qu'il charrie dans une cuvette placée près de la maison du sieur Bribes, d'où nous allons la suivre bientôt.

Rossignol supérieur. — La source publique du Rossignol supérieur fournit, ai-je dit antérieurement, un filet sanitaire. Ce filet est amené dans la cuvette qui reçoit les eaux mélangées des deux sources de l'Étuve et dont la situation est indiquée plus haut.

Dans cette cuvette se mélangent donc les deux sources de l'Étuve de l'hôpital et un filet du Rossignol supérieur. Ce mélange est pris par un seul tuyau et amené à Montmorency en passant sur le trottoir Est du pont du Breilh et sur la crête du mur qui sépare l'étendoir des laines de la promenade du Couloubret.

A quelques mètres en deçà de Montmorency, ce tuyau fournit un rameau qui va se déverser dans le réservoir de l'eau de l'Étuve située à l'Est du Couloubret. Ce réservoir fournit lui-même un robinet au n° 1 et un robinet au n° 2 du Couloubret.

Le tuyau principal va fournir de l'eau chaude aux douches, aux deux baignoires Montmorency, se coude

et vient se jeter en Z dans le réservoir d'eau chaude
des cabinets 5, 6, 7, 8, 9 du Couloubret.

La source Montmorency naît dans le réservoir
Montmorency et alimente les deux cabinets à bains de
cet établissement, seule quelquefois, et quelquefois
mélangée avec la Basse.

La Majeure naît au nord du bassin de la Basse, à
un mètre à peu près de sa berge ; elle s'élève de
1^m,60 de profondeur dans un arbre creux, et est
amenée de là dans le réservoir de l'ancien Bain Fort,
où elle se mélange avec la source de ce nom.

La source du Bain Fort (*ancien*) a son griffon dans
le réservoir de ce nom ; elle y reçoit le mélange de la
Majeure, et ce mélange alimente les deux cabinets et
la buvette du Bain Fort (ancien).

La source du Bain Fort (*nouveau*) naît dans le réservoir de ce nom. Elle alimente les quatre cabinets
du Bain Fort (nouveau) et la buvette de cet établissement.

Enfin *la buvette Rivière* du Couloubret est une
très petite source découverte l'an dernier, et qui alimente une petite buvette placée à l'angle Sud-Est du
Couloubret.

Réservoirs. —Ces diverses sources sont amenées dans des réservoirs dont j'ai déjà donné l'indication.

Il y a au Couloubret :

1° Un réservoir qui reçoit l'eau de la Gourguette ;

2° Un réservoir qui reçoit celle du n° 4 ou Pilhes ;

3° Un réservoir qui reçoit de l'eau de l'Étuve-Rossignol ;

4° Un réservoir qui reçoit la Canalette ;

5° Un réservoir qui reçoit la Basse et Rougerou ;

6° Enfin un grand réservoir qui reçoit :

A. Toute l'eau de la Gourguette qui regorge de son bassin quand celui-ci est plein ;

B. Toute l'eau Pilhes qui regorge du bassin quand il est plein ;

C. L'eau de l'Étuve-Rossignol qui est passée aux douches et à Montmorency sans y être épuisée.

Les cabinets 1, 2 du Couloubret sont alimentés par le réservoir de la Gourguette comme eau froide et par l'eau de l'Étuve-Rossignol, placée dans le bassin à l'Est du Couloubret, comme eau chaude.

Les cabinets 3, 4, 4 *bis* reçoivent l'eau chaude du réservoir Pilhes. Ces cabinets sont dépourvus d'eau froide, on y porte à bras l'eau de la fontaine D, qui est voisine.

Les cabinets 5, 6, 7, 8, 9 reçoivent, comme eau chaude, l'eau du réservoir situé sur le plan postérieur de l'établissement, laquelle eau est elle-même un mélange de la Gourguette, de Pilhes, et de l'Etuve-Rossignol. Ces mêmes cabinets reçoivent comme eau froide le mélange Basse-Rougerou-Canalette.

Il y a à Montmorency trois réservoirs, à savoir :

1° Un réservoir mobile à hauteur de douche qui reçoit l'eau froide de la pompe artificiellement élevée ;

2° Un réservoir qui reçoit le mélange Etuve-Rossignol, et qui fournit l'eau chaude aux douches ;

3° Un réservoir qui reçoit la source Montmorency et au besoin l'appoint que lui fournit la Basse.

Les douches sont alimentées par l'eau froide de la Pompe avec ou sans l'appoint de la Basse, et par l'eau chaude Etuve-Rossignol.

Les deux baignoires de Montmorency sont alimentées par la source Montmorency, avec ou sans l'appoint de la Basse, comme eau froide, et par l'eau Étuve-Rossignol, comme eau chaude.

Au Bain fort ancien, il y a un seul réservoir qui re-

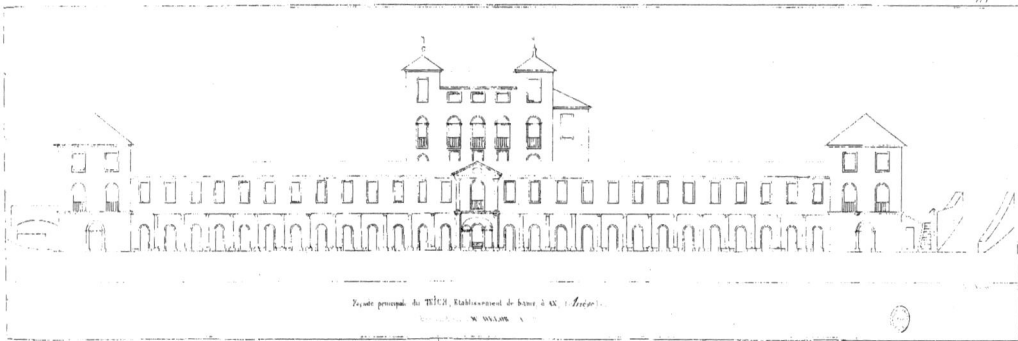

Façade principale du TECH, Établissement de bains, à AX. (Ariège).

çoit, ai-je dit, l'eau de ce nom et la Majeure. Ce mélange fournit l'eau chaude nécessaire aux baignoires du Bain Fort (ancien). L'eau froide est fournie par un tuyau de la Basse.

Le Bain Fort (nouveau) ne contient aussi qu'un seul réservoir qui fournit l'eau chaude aux baignoires de cet établissement. L'eau froide est fournie par la Basse.

Minéralisation des mélanges. — Il importe moins encore de savoir que ces mélanges s'opèrent que de connaître quelle est, après le mélange, la valeur minérale du liquide qui compose le bain. Le tableau placé d'autre part donnera des idées exactes à cet égard. Les bains y sont supposés préparés à 36 degrés centigrades.

BAINS.	Température des sources.	Température des mélanges.	Sulfure de sodium par litre à 36° cent.
Cabinets 1, 2.			
Gourguette.	36,00	»	»
Source de l'étuve.	60,00		
Cabinets 3, 4, 4 bis.			
Source n° 4 ou Pilhes.	39,60	»	
Basse	24,00		0,012114
Canalette.	25,00	24,50	
Rougerou	24,50		
Cabinets 5, 6, 7, 8, 9.			
Basse.	24,00		
Canalette.	25,00	24,50	
Rougerou.	24,50		0,004374
Gourguette.	36,00		
Pilhes.	39,60	45,20	
Etuve.	60,00		
Bains Montmorency.			
1° Montmorency.	31,00	»	0,001068
Étuve.	60,00		
2° Basse.	24,00		
Montmorency.	31,00	27,50	0,001117
Etuve.	60,00	»	
Bain Fort (ancien).			
Majeure.	51,00	46,50	
Bain Fort (ancien).	42,00		0,009846
Basse.	24,00	»	
Bain Fort (nouveau).			
Bain Fort (nouveau).	44,50	»	0,010204
Basse.	24,00	»	
Douches.			
Pompe.	20,00	»	0,003561
Etuve.	62,00	»	
Buvettes (1).			
Pilhes.	39,60	»	0,016215
Basse.	24,00	»	»
Bain Fort (ancien) et Majeure.	45,50	»	0,014913
Bain Fort (nouveau).	44,50	»	0,017399
(1) La sulfuration des douches est prise à 45° cent.			

Il résulte de ce tableau que, dans les baignoires, quand les bains sont préparés à 36 degrés centigrades, les bains les plus sulfureux du groupe Couloubret sont ceux des cabinets **3**, **4**, **4** *bis*, et qu'enfin viennent successivement, avec une sulfuration décroissante, les Bains Forts (nouveaux), les Bains Forts (anciens), les cabinets **5**, **6**, **7**, **8**, **9**; Montmorency, et les cabinets **1**, **2**.

Je dirai en temps et lieu quelles conséquences on doit en tirer au point de vue thérapeutique.

Divisions balnéaires. — Les cabinets **1**, **2** du Couloubret portent le nom de *Bains de la Gourguette.*

Les cabinets **3**, **4**, **4** *bis* s'appellent *Bains Pilhes.*

Les cabinets **5**, **6**, **7**, **8**, **9** s'appellent *Bains Sériès,* du nom d'un inspecteur qui, de **1807** à **1826**, assista aux phases de la station thermale qui lui était confiée, et aida de ses travaux son développement.

A ces sections, si l'on ajoute *le Bain Fort (ancien), le Bain Fort (nouveau), le Bain Montmorency, les Douches et les quatre Buvettes,* on aura l'ensemble des divisions thermales du groupe Couloubret.

Mais l'aménagement sanitaire y serait incomplet s'il

n'y avait pas là une *étuve*. Les malades qui se baignent
au Couloubret ont coutume, quand besoin est, d'aller
subir l'action des vapeurs à l'étuve dite *de l'Hôpital*,
mais qui appartient, comme tous les bâtiments du
groupe Couloubret, à mademoiselle Rivière.

Matériel. — Le matériel de ce groupe se compose
de vingt-huit baignoires, deux douches descendantes,
une douche ascendante, et une cage à vapeurs.

Les baignoires sont presque toutes en mortier, ou
mieux en une espèce de ciment qui résiste parfaitement
à l'eau. Ces baignoires sont disgracieuses à l'œil, mais
elles n'en sont pas moins propres que les baignoires en
marbre. Elles leur sont peut-être préférables en ce
qu'elles conservent très longtemps la chaleur que les
premiers bains leur ont communiquée, et que le corps
n'éprouve pas à leur contact une impression pénible.
La robinéterie est en cuivre ; les robinets sont laissés
à la disposition des malades, qui peuvent renouveler
à volonté l'eau de leur bain, circonstance généralement
fâcheuse en ce qu'elle ne permet pas toujours au médecin d'apprécier avec exactitude la part que la thermalité a prise aux effets produits.

Les douches descendantes sont fixées à hauteur de 6 pieds, mais on peut en varier à volonté le volume, la température et la direction.

Enfin on prend les vapeurs *généralement* ou *localement*. Les vapeurs générales sont celles que l'on prend le corps entier étant enfermé dans une boîte en bois.

Cette boîte est un grand cube placé sur l'œil de la source. A mi-hauteur est une planche transversale percée de trous, laquelle sert de siége ; les faces latérales sont closes, la face supérieure laisse une ouverture pour le passage de la tête.

L'étuve locale ne diffère de la précédente qu'en ce qu'une partie du corps seulement, — une jambe, un bras principalement, — reçoit les vapeurs. L'appareil se compose d'un cylindre en maçonnerie construit sur le griffon de la source, dans lequel on plonge la partie malade.

Le matériel du Couloubret est vieux et a besoin d'être renouvelé. La robinéterie est usée, les soupapes perdent, les douches sont incommodes, l'étuve trop éloignée. En somme, ce groupe d'établissements a fait son temps. Il convient de le remplacer par des constructions plus commodes où l'aménagement thermal soit moins compliqué et plus régulier dans son fonctionnement.

Dans l'intérêt du corps médical qui prescrit les eaux du Couloubret sans les connaître, dans l'intérêt peut-être de l'histoire, j'ai dû parler de ces établissements avec longueur. Je souhaite que mes lignes soient en quelque sorte l'éloge funèbre de ces édifices vieillis, le dernier hommage rendu à leurs services et aux cures merveilleuses que leurs murs virent s'opérer.

TEICH.

Vers l'année 1800, un chirurgien d'Ax, nommé Boulié, avait découvert, dans une de ses propriétés, au sud de la ville d'Ax, sur la rive gauche du torrent d'Orlu, quelques sources qu'il résolut d'utiliser. A cet effet il fit construire des cabanes en planches où les eaux minérales, provisoirement captées, étaient affectées aux usages balnéaires.

Le nombre des sources découvertes allait successivement croissant; en 1787 il n'était que de trois, en 1810, il était déjà de dix à douze. Le nombre des malades augmentait au nouvel établissement dans la même proportion, si bien qu'en 1821 cet établissement comptait vingt-quatre baraques contenant cinquante et une baignoires et plusieurs douches.

Le tout était irrégulièrement disposé sur le versant d'une montagne et au voisinage d'un torrent.

Les hardes suspendues çà et là sans symétrie, l'homme de condition y coudoyant le bélître, donnaient à cet ensemble l'aspect d'un camp bohême digne du pinceau de Callot ou celui des casernements mobiles des routiers du moyen âge.

La nymphe y distribuait ses faveurs avec équité, les pauvres et les riches y étaient également traités par elle, et elle ne distinguait pas la noble dame aux étoffes soyeuses de la pauvre fille des montagnes aux pieds nus et aux vêtements déguenillés.

Le retentissement des cures opérées par ces eaux nouvelles fut si grand que les baraques ne suffisaient plus à contenir le nombre des malades.

Le provisoire avait subi son noviciat, et les eaux avaient reçu le baptême de l'expérience.

M. Boulié mourut, et mademoiselle Jeanne Marie Rivière, héritière des nouveaux bains, remplaça les

planches d'autrefois par un bel édifice qui fut construit
en 1834 d'après les plans de M. Laurent, ingénieur du
cadastre (1).

De même que le Couloubret avait pris le nom du
lieu où on l'avait bâti, le nouvel établissement prit
celui du quartier où on l'édifiait; on l'appela Teich.

Le Teich est commode, élégant, salutaire, et très
fréquenté.

Les cabinets à bains et à douches sont placés dans
une galerie dont la partie supérieure est soutenue par
une colonnade d'un bel effet. Ces colonnes supportent
une trentaine de chambres destinées aux malades. En
arrière, ces chambres reposent sur le terre-plein. Les
deux extrémités de l'édifice sont terminées par deux
pavillons où les baigneurs vont se livrer le soir aux
plaisirs de la conversation ou du jeu. L'ensemble est
surmonté par un grand pavillon, de la même archi-
tecture et du même style, placé sur un plan postérieur.
Ce pavillon contient les cuisines et une vaste salle à
manger. La salle domine la ville d'Ax et la vallée de
l'Ariége; on jouit de là d'un coup d'œil magnifique.

Le Teich est aimé des malades qui cherchent la

(1) Voyez la planche I.

retraite, le repos, et de ceux que le soin de leur santé occupe exclusivement.

On y éprouve du charme, quand le soleil est déjà voilé par les montagnes, à promener ses regards sur leurs sommets, auxquels ses rayons disent un dernier adieu, et, quand vient la nuit, on s'endort paisiblement sous l'impression monotone du murmure des torrents.

Cette vie tranquille, partagée entre la pratique des bains et les douceurs de la méditation, est coupée de temps en temps par des promenades dans les jardins et les prairies dont le Teich est environné.

Le Teich est formé de deux établissements distincts qui méritent une description particulière, ce sont :

Le Teich proprement dit ;

L'établissement Viguerie.

Origine et trajet des eaux (1). — Le Teich est alimenté par treize sources que l'on utilise à divers titres aux usages sanitaires. En voici les noms :

La Pompe ;

La source n° 4 ;

La source n° 5, ou Patissier ;

(1) Voyez, pour l'intelligence de ce qui va suivre, la planche II.

La source n° 6 ;

La Bleue ;

La Pyramide ;

Les sources mélangées de la Grotte ;

La source Astrié chaude ;

La source Astrié froide ;

La source Viguerie ;

La fontaine géminée de Saint-Roch ;

La fontaine Quod ;

La source Isabelle.

L'eau de la Pompe naît dans le réservoir de ce nom par plusieurs naissants. Elle fournit de l'eau froide aux cabinets 1, 2, 3, 4, 5, 6, 7, 8, 9, 10, 11, 12, 13, 14, 15.

La source n° 4 naît dans le réservoir n° 4 par deux ou trois naissants. Elle fournit de l'eau chaude aux cabinets 1, 2, 3, 4, 5, 6, 7, 8, 9, 10, et à une baignoire du cabinet 11.

La Bleue naît dans le réservoir de la Bleue ; elle alimente en eau chaude une baignoire du cabinet 11 et les cabinets 12, 13, 14 et 15, ainsi que la buvette d'eau Bleue placée au point B. Quand le n° 4 manque, la Bleue va jusqu'au cabinet n° 1.

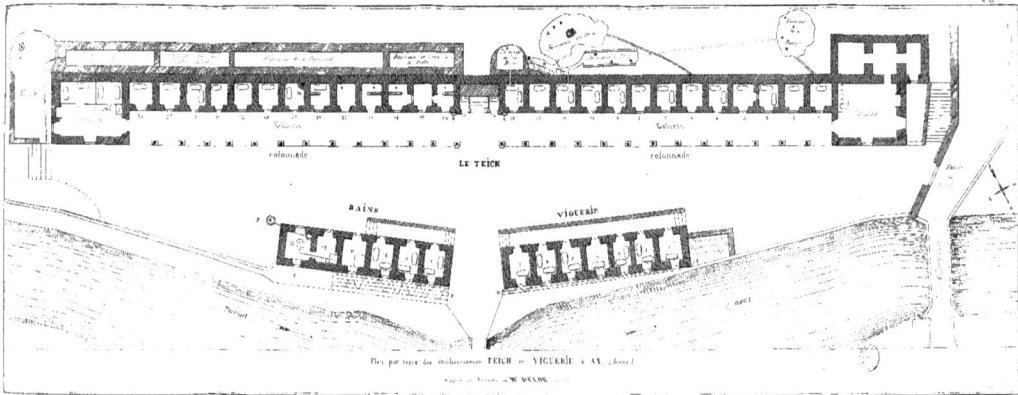

LE TEICH

colonnade   colonnade

BAINS   VICTOIRE

Plan par terre des établissements TEICH et VIGUERIE à AX (Arège)

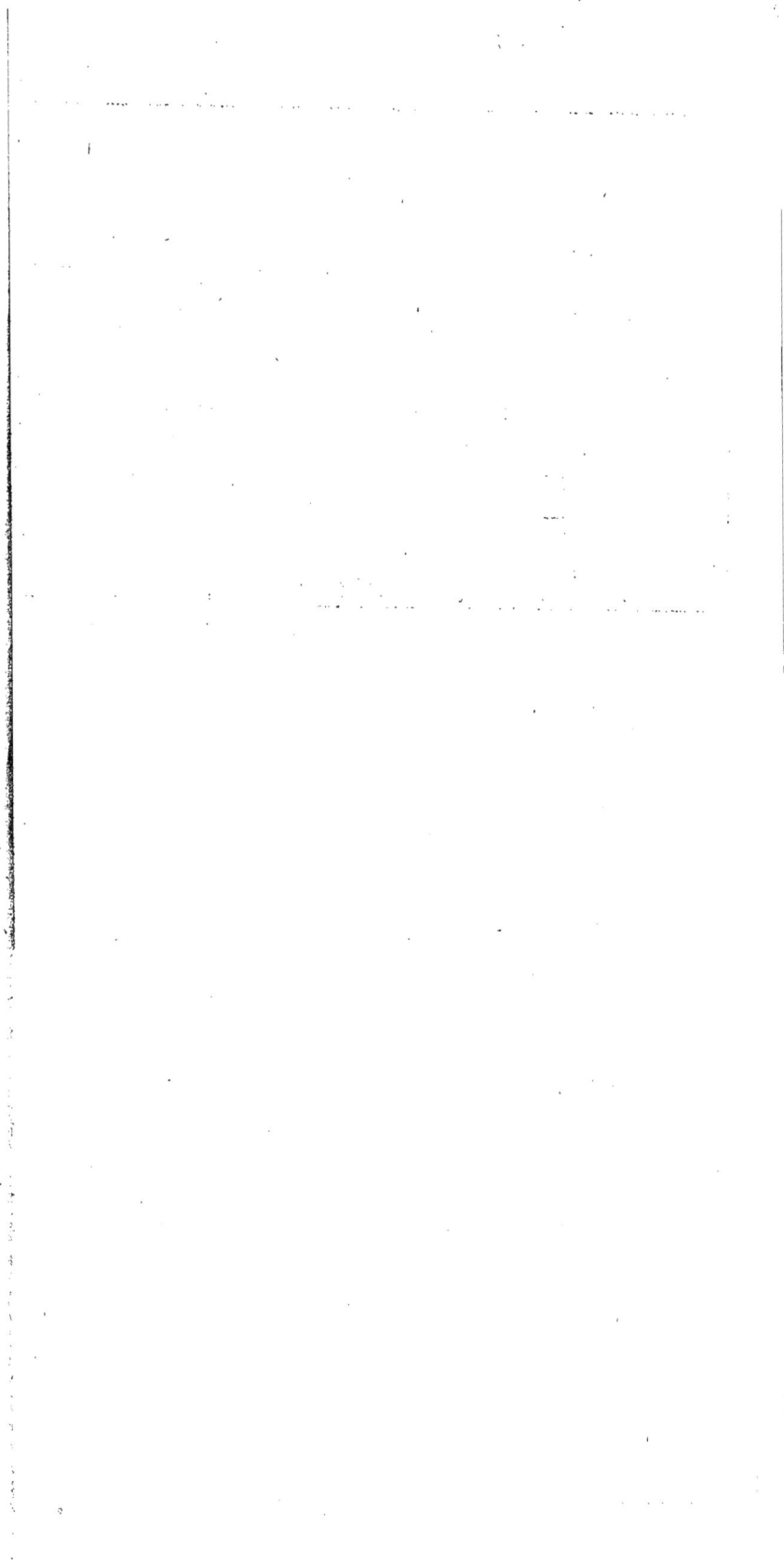

La source n° 6 naît à l'extrémité est du réservoir n° 6, dans lequel elle tombe avec un bruit de cascade ; elle reçoit, dans l'intérieur même du réservoir, l'appoint d'une petite source située sur la paroi sud du réservoir, plus chaude et plus sulfureuse que le n° 6. Ce mélange, à défaut du n° 4 ou de l'eau Bleue, vient fournir de l'eau chaude aux bains de 1 à 12 du Teich.

La source n° 5 ou *Patissier* naît dans le mur postérieur du cabinet n° 12 ; elle est amenée de là à la buvette située au point A du plan.

La Pyramide naît dans le cabinet n° 22, au point M. Un arbre, percé dans son milieu, la reçoit et l'élève jusqu'à son réservoir, situé à une douzaine de pieds au-dessus. La Pyramide alimente en eau chaude toutes les douches.

Sources mélangées de la Grotte. — Il y a au premier étage du Teich une grotte irrégulière qui reçoit plusieurs sources naissant dans ses parois et même des infiltrations pluviales. C'est ce mélange qui se rend dans le réservoir placé derrière les cabinets 16, 17, 18, et qui fournit aux douches l'eau froide nécessaire à leur jeu.

La source Astrié chaude naît dans son réservoir.

Elle fournit l'eau nécessaire aux bains 22, 23, 24, 25, 26, 27, 28, 29, 30 du Teich.

L'eau froide Astrié naît aussi dans son réservoir. Elle fournit l'eau froide nécessaire aux cabinets 22, 23, 24, 25, 26, 27, 28, 29, 30 du Teich.

La source Viguerie a son griffon au point D du plan, à quelques mètres à l'est de l'établissement Viguerie.

Cette source est amenée dans une cuvette du cabinet n° 13. Elle est prise dans cette cuvette par un tuyau serpentiné qui la promène sous la dalle même du cabinet n° 13, dans une atmosphère d'eau froide où elle commence à perdre un ou deux degrés de chaleur. Elle arrive ainsi dans une nouvelle cuvette placée dans le cabinet n° 12; là elle se divise en deux parts, à savoir : l'une qui va fournir de l'eau chaude directement et sans réservoir aux cabinets 1, 2, 3, 4, 5, 6, 7, 8, 9, 10, l'autre qni est promenée dans un tuyau serpentiné au milieu du canal E, F, G, I, parcouru par de l'eau déviée du torrent, s'y refroidit sans perdre ses principes minéralisateurs, sert à mitiger sa sœur dans les mêmes cabinets qu'elle, afin de la rendre propre au service des bains, et vient enfin se jeter au

point I dans un réservoir particulier d'où elle est re-
prise au besoin pour le service balnéaire.

Voici donc quelle est, pour résumer, l'économie entière de l'aménagement thermal dans ces deux établissements.

Teich. — Les cabinets 1, 2, 3, 4, 5, 6 et la baignoire droite du cabinet 7 sont alimentés par les mélanges suivants :

A, la Pompe et la source n° 4 ;

B, la Pompe et la Bleue.

La baignoire gauche du cabinet 7 et les cabinets 8
et 9 sont alimentés :

A, par la Pompe et le n° 4 ;

B, par la Pompe, le n° 6 et le n° 4 ;

C, par la Pompe et la Bleue ;

D, par la Pompe, le n° 6 et la Bleue.

Le cabinet n° 10 est alimenté :

A, par la Pompe et le n° 4 ;

B, par la Pompe et la Bleue ;

C, par la Pompe, le n° 6 et la Bleue.

Les cabinets 11, 12, 13, 14, 15, sont alimentés :

A, par la Bleue, le n° 6 et la Pompe ;

B, par la Bleue et la Pompe.

Les cabinets 16, 17, 18, 19, 20, 21 contiennent les douches alimentées elle-mêmes par l'eau chaude de la Pyramide et l'eau froide de la Grotte d'en haut.

Les cabinets 22, 23, 24, 25, 26, 27, 28, 29, 30 reçoivent toujours l'eau chaude et l'eau froide Astrié.

La buvette A du plan est entretenue par la source Patissier;

La buvette B par la source Bleue;

La buvette C par la source Isabelle, qui naît sur le lieu même.

Enfin sur le versant de la montagne qui supporte le Teich, on trouve encore la fontaine Quod, la double fontaine de Saint-Roch, et plusieurs sources inno-minées sous le grand pavillon.

Viguerie. — Les cabinets 1, 2, 3, 4, 5, 6, 7, 8, 9, 10 des bains Viguerie, sont entretenus par l'eau Viguerie naturelle et par l'eau Viguerie refroidie au serpentin.

Les cabinets 11, 12 et 13 sont traversés par l'eau Viguerie naturelle, à découvert, et servent d'étuves générales ou locales.

Réservoirs. — Le réservoir de la Pompe est creusé dans le roc; on y pénètre par une ouverture placée sur la galerie postérieure du Teich.

Les réservoirs du n° 4, du n° 3 et du n° 6 sont aussi creusés dans le roc. Leur entrée commune est dans le cabinet n° 11. Le réservoir n° 3 a des relations souterraines avec celui de la Pompe; leurs eaux sont semblables et communiquent entre elles.

L'eau Bleue est captée partie par le roc et partie par des travaux de maçonnerie. On n'entre jamais dans son réservoir, qui est clos de toute part.

L'entrée des réservoirs de la Pyramide et de l'eau de la Grotte est dans la galerie postérieure du Teich.

L'entrée des réservoirs Astrié est dans la grotte d'en bas, à l'est du Teich.

Minéralisation des mélanges. — Au milieu de ces mélanges, voici ce que devient la richesse minérale du liquide ramené dans le bain à 36 degrés centigrades, dans les douches à 45°, et dans les étuves à 73°.

Numéros d'ordre des mélanges.	Noms des sources.	Température des sources.	Quantité de sulfure de sodium par litre.
	Bains.		
	Cabinets 1, 2, 3, 4, 5, 6 et baignoire droite du cabinet 7.		
1	Pompe.	32,00	} 0,003738
	N° 4.	46,00	
2	Pompe.	32,00	} **0,002649**
	Bleue.	48,00	
	Cabinets 7, 8, 9.		
1	Pompe.	32,00	} 0,003738
	N° 4.	46,00	
2	Pompe.	32,00	0,003596
	N° 6.	38,00	
	N° 4.	46,00	
3	Pompe.	32,00	} **0,002649**
	Bleue.	48,00	
4	Pompe.	32,00	} **0,002649**
	N° 6.	38,00	
	Bleue.	48,00	
	Cabinet 10.		
1	Pompe.	32,00	} 0,003738
	N° 4.	46,00	
2	Pompe.	32,00	} **0,002649**
	Bleue.	48,00	
3	Pompe.	32,00	} **0,002649**
	N° 6.	38,00	
	Bleue.	48,00	
	Cabinets 11, 12, 13, 14, 15.		
1	Bleue.	48,00	} **0,002649**
	N° 6.	38,00	
	Pompe.	32,00	
2	Bleue.	48,00	} **0,002649**
	Pompe.	32,00	
	Cabinets 22 à 30.		
	Attrié (chaude).	46,00	} 0,005507
	Attrié (froide).	22,00	
	Établissement Viguerie.		
	Viguerie (chaude)..	73,50	} 0,016550
	— (refroidie en vase clos).	27,00	
	Douches.		
	Pyramide.	65,70	} 0,011233
	Grotte (sources mélangées) . . .	30,00	
	Étuves.		
	Source Viguerie.	73,50	0,032315
	Buvettes.		
	N° 5 ou Patissier.	38,00	0,016215
	Bleue.	48,00	"
	Saint-Roch (à droite).	44,00	0,090000
	(à gauche).	40,00	0,012429
	Fontaine Quod.	64,00	0,029833
	Buvette Isabelle	52,00	0,023369

Les chiffres en caractères plus saillants que les autres expriment le degré que marque au sulfhydromètre l'eau du torrent prise pour terme de comparaison.

Divisions balnéaires. — Les bains 1, 2, 3, 4, 5, 6, 7, 8, 9, 10, 11, 12, 13, 14, 15, analogues, comme je le prouverai plus tard, par leur composition et leurs effets thérapeutiques, forment un premier groupe qui s'appelle *bains Boulié*, du nom du fondateur du Teich.

Les cabinets 22, 23, 24, 25, 26, 27, 28, 29, 30, s'appellent *bains Astrié*, du nom de M. le docteur Astrié, enlevé trop tôt à la science et dont le mérite médical, joint à une parfaite distinction d'esprit, jeta pendant vingt ans de l'éclat sur la station thermale d'Ax.

L'établissement Viguerie porte le nom du praticien éminent qui tient dans le midi de la France le sceptre de la médecine. Esprit médical de premier ordre, dont la sagacité a découvert à nos eaux des qualités qui lui étaient familières bien avant qu'elles fussent devenues publiques.

Les douches et les étuves ne portent pas d'autre désignation que celle de douches et étuves du Teich.

13

Matériel. — Le matériel du groupe Teich-Viguerie se compose de cinquante-deux baignoires, cinq
douches tant ascendantes que descendantes, et trois
cabinets à vapeurs locales ou générales.

Les cabinets sont en très bon état.

Les baignoires sont de pierre, de marbre ou de
ciment romain. La robineterie est de cuivre et en assez
bon état.

Le matériel des douches et celui des étuves ne diffère pas du matériel déjà décrit à l'occasion du Couloubret.

En somme, le Teich-Viguerie est un établissement
grand, varié par les ressources sanitaires qu'il offre,
et bien tenu.

BREILH.

Il avait suffi de quelques années pour que, grâce à
la construction d'un édifice au Couloubret, d'un établissement rudimentaire au Teich et des écrits de
Pilhes, la population malade qui fréquentait nos
sources eût triplé.

Il y avait là un enseignement dont un homme intel-
ligent de ce pays sut tirer parti.

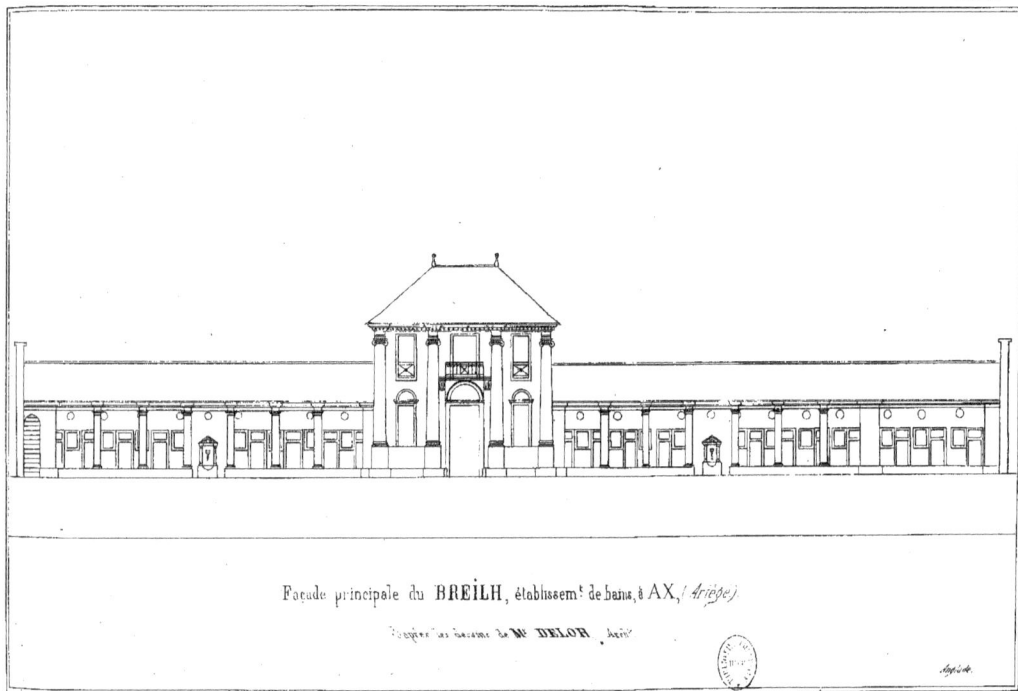

Façude principale du BREILH, établissem.t de bains, à AX, (Arriège)

Pl. B.

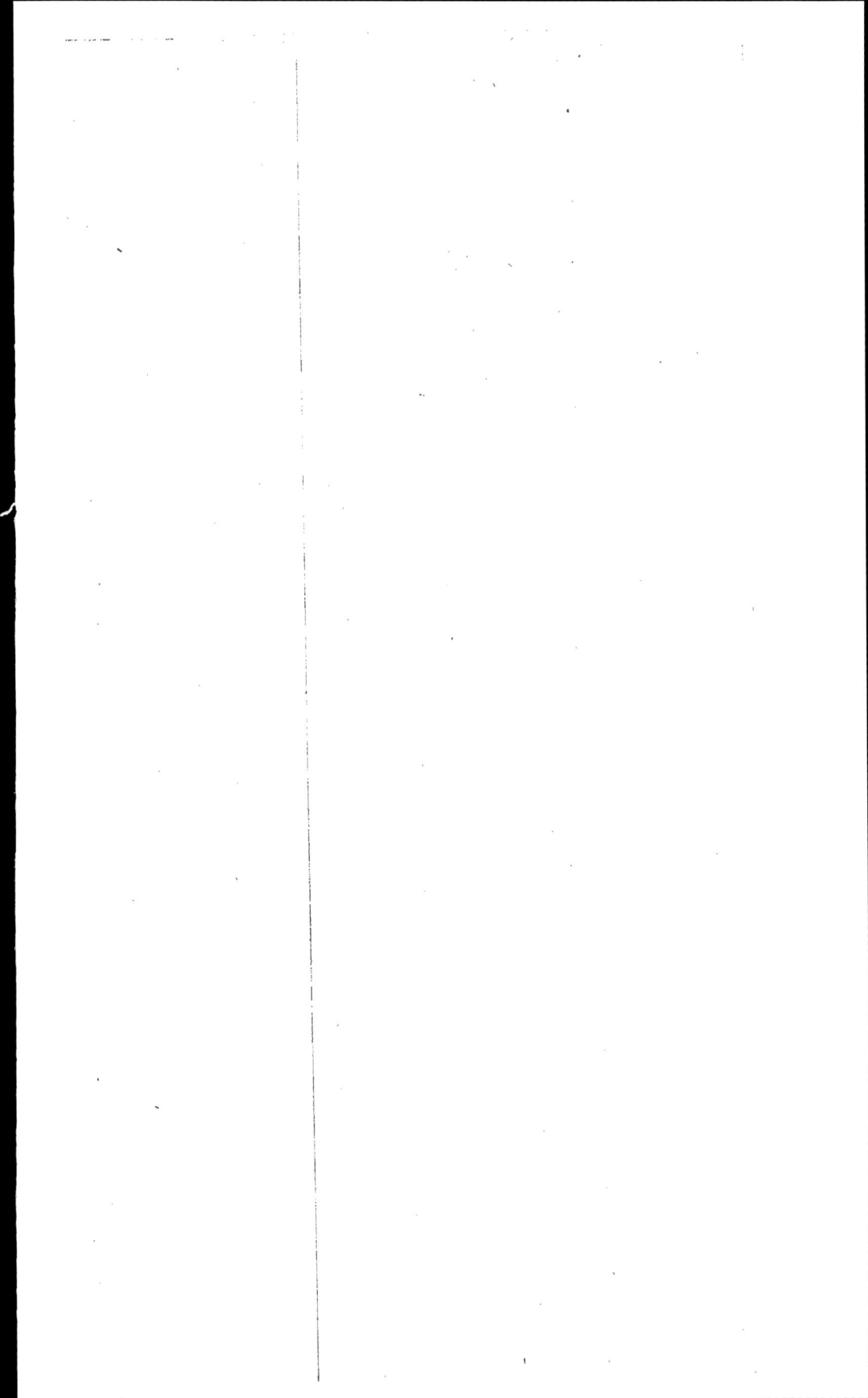

M. Sicre possédait dans son jardin des eaux abondantes et variées. Il résolut de les capter et de les
abriter dans un établissement sanitaire.

Édifice coquet, élégant et simple, qui, sans subir
l'épreuve des années, fut commencé en 1815, fini en
1819 par les soins de M. Mayer, ingénieur des ponts
et chaussées, et où tous les détails du service balnéaire
ont été prévus à ce point que cet établissement n'a
exigé, depuis, aucune réforme et presque pas de réparations.

A l'exemple de ses devanciers, l'établissement de
M. Sicre prit le nom des lieux où on l'avait bâti : on
l'appela le Breilh.

Le Breilh est situé dans le jardin même de
l'hôtel Sicre. Il est, à la façon du Teich, composé
sur le devant d'une colonnade et au milieu d'un
pavillon assez vaste. Entre la colonnade et les cabinets à bains est une galerie où l'on se promène à
couvert.

Quelques pas à peine séparent l'établissement de la
salle des jeux et des concerts; il n'est pas rare qu'une
voix jeune et fraîche ou les notes harmonieuses du
piano viennent interrompre le silence du bain, charmer

nos malades et apaiser pour un temps l'acuité de leurs douleurs.

Origine et trajet des eaux. — Le Breilh est alimenté par onze sources distinctes dont voici les noms :

La buvette du Breilh ;

La Petite sulfureuse ;

La source n° 1 du Breilh ;

La source n° 4 du Breilh ;

La source n° 5 du Breilh ;

La source n° 7 du Breilh, ou source Longchamp ;

La source n° 9 du Breilh ;

La source n° 11 du Breilh, ou source Anglada ;

La source Fontan ;

La source de l'Étuve du Breilh ;

La Pyramide du Breilh ;

Les sources 1, 4, 5, Longchamp, 9, Anglada et Fontan naissent dans leurs réservoirs.

La buvette du Breilh naît près du lieu où elle coule.

La Petite sulfureuse naît à la partie postérieure du cabinet n° 11.

La source de l'Étuve a son griffon en face du n° 15,

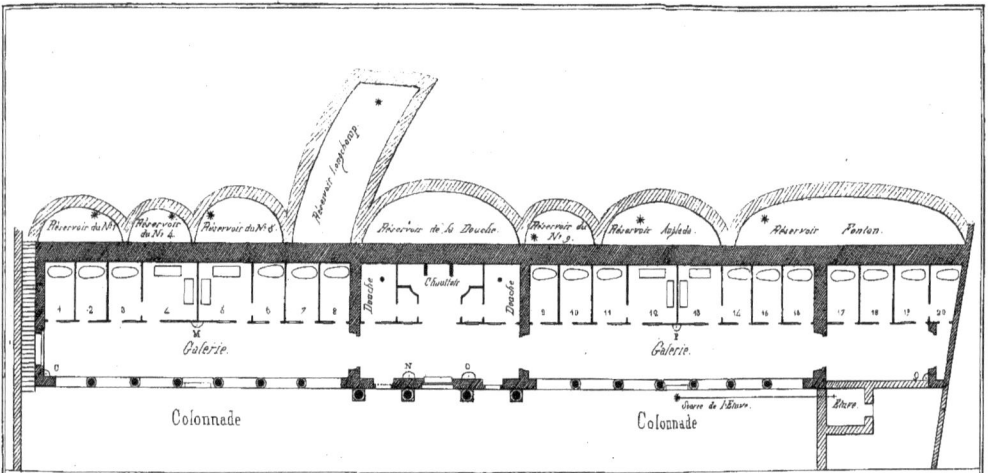

Plan par terre du BREILH, établissement de bains, à AX, (Ariège).

d'après les dessins de Mr DELOR, Archt.

sous les marches de l'escalier qui conduit dans la galerie.

Enfin la Pyramide naît dans le jardin postérieur de M. Sicre, est élevée à la faveur d'un arbre troué que l'on a posé verticalement sur son griffon, et est amenée dans le réservoir qui lui est propre.

Les réservoirs sont placés derrière leurs cabinets respectifs; on y pénètre par le jardin postérieur de M. Sicre.

Les sources sont distribuées d'une manière très simple dans vingt cabinets :

1° Des cabinets 1 à 13 inclusivement, chaque baignoire reçoit trois eaux distinctes, à savoir :

La source spéciale, par le fond de la baignoire.

L'eau Longchamp par un robinet placé au-dessus de la baignoire.

Enfin, pour eau froide, de l'eau détournée du torrent d'Orlu

Du n° 14 au n° 20, les dispositions de la robineterie ne changent pas, seulement le robinet du fond et celu' du haut donnent la même eau chaude, —l'eau Fontan, —et quand l'eau Fontan est insuffisante, un mélange de la source de l'étuve du Breilh et de l'eau Fontan.

Les douches sont entretenues par la Pyramide et
par de l'eau froide dérivée du torrent d'Orlu.

L'étuve est pourvue de vapeurs par la source dite
Étuve du Breilh.

Minéralisation des mélanges.—Ces mélanges,
comme ceux des eaux de Couloubret et du Teich, apportent dans les quantités des principes minéraux des
différences qu'il est utile de connaître.

Ces différences sont retracées dans le tableau ci-
contre où les eaux sont amenées à la température uni-
forme de 36 degrés centigrades pour les bains et de
45 degrés centigrades pour les douches. Le lecteur en
appréciera aisément l'économie.

Numéros d'ordre des mélanges.	Noms des sources.	Températ. des sources.	Températ. des mélanges.	Quantité de sulfure de sodium par litre.
	Bains.			
	Cabinets 1, 2, 3.			
	Source n° 1.	36,00	42,00	
	Source n° 7 ou Lonchamp.	48,00		
	Eau froide du torrent.. . . .	18,00	»	0,002649
	Cabinet 4.			
	Source n° 4.	41,50	44,75	
	Source Lonchamp.	48,00		
	Eau du torrent.	18,00	»	0,002649
	Cabinets 5, 6.			
	Source n° 5.	46,00	47,00	
	Source Longchamp.	48,00		
	Eau du torrent.	»	»	0,002649
	Cabinets 7, 8.			
	Source Longchamp.	48,00	»	
	Eau du torrent.	18,00	»	0,002649
	Cabinets 9, 10.			
	Source n° 9.	33,00	40,50	
	Source Lonchamp.	48,00		
	Eau du torrent.	28,00	»	0,002649
	Cabinets 11, 12, 13.			
	Source n° 11 ou Anglada.	51,00	44,50	
	Source Longchamp.	48,00		
	Eau du torrent	18,00	»	0,002649
	Cabinets 14, 15, 16, 17, 18, 19, 20.			
1	Source Fontan.	58,00	»	0,011184
	Eau du torrent.	18,00	»	
2	Source Fontan.	58,00	»	
	Etuve du Breilh.	63,00	60,50	
	Eau du torrent.	18,00	»	0,009276
	Douches.			
	Pyramide du Breilh.	52,00	»	
	Eau du torrent.	18,00	»	0,014913
	Étuves.			
	Source de l'étuve du Breilh.	63,00	»	0,017399
	Buvettes.			
	Buvette du Breilh.	»	»	»
	— Longchamp.	»	»	»
	Petite sulfureuse.	47,00	»	0,023369
	Fontan.	58,00	»	0,024853
	Anglada.	»	»	»

Les chiffres saillants expriment le degré sulfhydrométrique de l'eau du torrent prise pour terme de comparaison.

Divisions balnéaires. — J'ai donné aux bains
compris dans les limites du n° 1 au n° 13 inclusivement le nom de *Bains Rigal*, en souvenir de
l'homme de talent qui ne fit à Ax qu'un rapide passage en qualité d'inspecteur, et qui me confia le
soin d'y continuer les traditions de son expérience. La
générosité de cet homme de cœur a créé à mon esprit
un parallèle difficile à soutenir et laissé à mes sentiments le poids d'une éternelle reconnaissance.

Les bains de 14 à 20 s'appellent *Bains Fontan*, et
c'était justice que d'attacher le nom de M. Fontan aux
eaux sulfureuses d'Ax, à défaut de celles de Luchon,
en retour de la popularité que ses travaux leur ont
donnée.

Les douches et le cabinet à vapeur portent l'appel-
lation commune de *Douches* et *Étuves du Breilh*.

Matériel. — Il y a au Breilh vingt cabinets à bains
qui contiennent vingt-cinq baignoires. Ces baignoires

sont de marbre noir, il y en a quelques unes de granite, d'autres de zinc. La robineterie est de cuivre.
Les cabinets, les baignoires et les robinets sont dans
un parfait état de propreté et de conservation.

Le matériel des douches et du cabinet à vapeur
est le même que celui des deux autres établissements.

DIVISIONS SANITAIRES DES TROIS ÉTABLISSEMENTS.

La description minutieuse que je viens de faire des
sources sanitaires d'Ax aura laissé, dans l'esprit du
lecteur, comme le fait le plus important, que quelques
bains qui diffèrent dans les trois établissements par
les eaux qui les composent, ne diffèrent souvent pas en
définitive d'une manière notable sous le rapport des
principes minéralisateurs qu'ils contiennent.

Ainsi les besoins du service ont, ici comme partout, rendu certains mélanges nécessaires ; mais,
au milieu d'une confusion apparente, ces mélanges
sont faits avec intelligence, et, dans certaines limites,
ils sont assez ressemblants pour que leur action sur
l'économie soit la même. De façon que, malgré la dis-
semblance des eaux, on a pu établir de grandes divi-

sions qu'il suffit à l'esprit de retenir pour la prescription de nos bains.

J'ai déjà dit que, pour rendre cette prescription plus facile, pour éviter surtout l'emploi de nombres qui ne disent rien à l'intelligence, et qui, laissant dans les souvenirs des traces fugitives, disposent à l'erreur, nos divers groupes de bains et nos buvettes ont reçu les noms des hommes qui s'occupèrent avec soin des eaux minérales d'Ax ou de celles de France. Quelques autres ont conservé des noms qui rappellent un souvenir ou quelque particularité de leur histoire. La reconnaissance ou le besoin ont ainsi présidé à ces baptêmes.

Or ces divisions balnéaires sont ce qu'il est le plus utile de retenir. Afin que la mémoire s'en empare avec facilité, je les présente ci-dessous dans une synopsie convenable.

GROUPE DU COULOUBRET.

Bains.

Couloubret.	Cabinet 1, 2.	Bains de la Gourguette.
	— 3, 4, 4 bis.	— Pilhes.
	— 5, 6, 7, 8, 9.	— Sériès.
Montmorency.	Cabinet spécial	— Montmorency.
Bain Fort (ancien). .	Cabinet 1, 2.	— Fort (ancien).
Bain Fort (nouveau) .	Cabinet 3, 4, 5, 6.	— Fort (nouveau).

Douches.

Cabinet 1, 2 . . . . Douches du Couloubret.

Étuves.

Cabinet spécial . . . . Etuve dite de l'Hôpital.

Buvettes.

La Basse.
Pilhes.
Du bain Fort (ancien).
Du bain Fort (nouveau).

GROUPE DU TEICH.

Bains.

Teich. . . . . { Cabinets 1 à 15 inclusivement. . . Bains Boulié.
                       { — 22 à 30 inclusivement. . . — Astrié.
Établissem. Viguerie. . — 1, 2, 3, 4, 5, 6, 7, 8, 9, 10. — Viguerie.

Douches.

Cabinets 16, 17, 18, 19, 20, 21. Douches du Teich.

Étuves.

Cabinets 1, 2, 3 . . . . Étuves sèches humides générales,
                           locales, dites du Teich.

Buvettes.

Saint-Roch. { à droite.
             { à gauche.

N° 5 ou Pâtissier.
Eau bleue.
Fontaine Quod.
Buvette Isabelle.

GROUPE DU BREILH.

Bains.

Cabinets 1 à 13 inclusivement. Bains Rigal.
  — 14 à 20 inclusivement. — Fontan.

Douches.

Cabinets 1, 2 . . . . Douches dites du Breilh.

Étuves.

Cabinet spécial. . . . . . . Étuve dite du Breilh.

Buvettes.

Du Breilh.
Longchamp.
Anglada.
Petite sulfureuse.
Fontan.

Il résulte de ce tableau que le service sanitaire peut disposer à Ax de :

Onze divisions de bains ;

Trois divisions de douches ;

Trois divisions d'étuves ;

Et quinze buvettes.

Les divisions de bains, de douches et d'étuves présentent, d'un établissement à l'autre, des ressemblances, et, dans leur ensemble, offrent le rare spectacle d'une minéralisation croissant avec mesure, et d'une sorte de gamme sulfureuse apte à remplir de nombreuses indications. Il n'est pas inutile de présenter à l'œil les différents éléments de notre service sanitaire dans l'ordre de leurs analogies.

Analogies sulfureuses des divisions sanitaires. — C'est l'objet du tableau ci-dessous. Les bains y sont supposés préparés à 36 degrés, et les douches à 45 degrés.

DIVISIONS SANITAIRES.

Bains.

Sulfure de sodium par litre.

Teich.	Viguerie.	0,016550
Couloubret. . .	Pilhes.	0,012144
Breilh	Fontan.	0,011184
Couloubret. . .	Bain Fort (nouveau). . .	0,010204
Couloubret. . .	Bain Fort (ancien). . .	0,009845
Teich.	Astrié.	0,005507
Couloubret. . .	Sériès.	0,004374
Teich.	Boulié.	0,003738
Breilh.	Rigal.	**0,002649**
Couloubret. . .	Montmorency.	**0,002649**
Couloubret. . .	Gourguette.	**0,002649**

Douches.

Le Breilh. . . .	Douches du Breilh. . . .	0,014913
Le Teich. . . .	— du Teich. . . .	0,011233
Le Couloubret.	— du Couloubret. .	0,003564

Étuves.

Le Teich. . . .	Étuves du Teich.	0,032315
Le Couloubret.	— du Couloubret. .	0,031074
Le Breilh. . . .	— du Breilh.	0,017399

Buvettes.

Sulfure de sodium par litre.

Quod.	0,029833
Fontan.	0,024859
Petite sulfureuse. . . .	0,023369
Saint-Roch (à droite). . .	0,023369
Isabelle.	0,023369
Bain Fort (nouveau). . .	0,017399
Pilhes.	0,016215
Patissier.	0,016215
Bain Fort (ancien). . . .	0,014913
Saint-Roch (à gauche).	0,012429
Bleue.	**0,002649**
Longchamp.	**0,002649**
Anglada.	**0,002649**
Breilh.	**0,002649**
Basse.	**0,002649**

En supposant que chaque baignoire contienne deux cent cinquante litres d'eau minérale, il suffirait de multiplier par ce chiffre les quantités de sulfure de sodium mentionnées d'autre part pour avoir celles que contient chaque bain d'une de nos divisions balnéaires.

Je termine ces détails sur nos sources sanitaires en rappelant qu'elles sont aménagées dans des établissements contenant ensemble cent cinq baignoires ;

Dix douches ;

Cinq cabinets à vapeur.

Dans l'état actuel des choses, il est facile de donner avec ce matériel et l'abondance de nos sources douze cents bains par jour, du matin au soir.

CHAPITRE IV.

APPLICATIONS DES EAUX A LA MÉDECINE.

§ I. — Thérapeutique spéciale.

Les eaux d'Ax, ainsi que je l'ai dit, sont de trois classes.

La première n'est pas sulfureuse ;

La seconde contient du soufre sous forme principale
de sulfure de sodium ;

La troisième contient le soufre sous une forme différente mais encore mal définie.

Chacune de ces familles d'eaux a une action particulière et sert à une thérapeutique spéciale.

En thèse une eau minérale quelconque agit :

Par l'eau ;

Par le principe minéral ou les principes minéraux ;

Par la thermalité.

Il est des maladies que l'eau seule suffit à guérir ;

Il en est d'autres qui réclament plus particulièrement la chaleur ;

Quelques unes exigent impérieusement l'action d'un
principe minéral ;

Enfin il en est qui veulent pour leur curation deux
ou même les trois éléments associés.

La méthode d'observation, appliquée à l'étude des
eaux minérales, nous a déjà donné une riche moisson
de faits ; mais l'observation consiste seulement à recueillir les faits tels qu'ils se présentent.

L'expérience, au contraire, les décompose pour mieux
les connaître et pour pouvoir les reproduire au besoin.

L'observation orne l'esprit et émaille de souvenirs intéressants le champ de la pensée.

L'expérience fonde les bonnes doctrines.

Dans les sciences comme dans les arts l'observation précède l'expérience.

En matière d'eaux minérales la médecine en est encore à la période d'observation, mais l'expérience n'a guère parlé.

Rechercher dans un effet thérapeutique dû aux applications de l'agrégat hydro-minéral quel est celui des trois éléments curateurs qui l'a créé ; reproduire ensuite à volonté le même effet par l'emploi de ce seul élément isolé de son agrégat, c'est créer la voie neuve de l'expérience, c'est substituer la doctrine à l'empirisme et le langage de l'esprit au langage obscur et dangereux des nombres.

J'ai déjà dit que l'observation naïve de nos aïeux avait constaté que les eaux autrefois sanitaires de la place du Breilh guérissaient les maladies rhumatismales, les maladies de la peau, les affections catarrhales, et enfin la diathèse strumeuse symbolisée par l'ophthalmie chronique.

Pilhes hérita le premier de cette tradition ; son talent médical n'ajouta rien aux vertus de nos eaux.
Seules, quelques maladies nerveuses trouvèrent place
dans le cadre de celles qu'elles guérissaient, grâce aux
sources nouvelles de la Gourguette et de Montmorency.

Pilhes fut remplacé par un praticien de son choix, —
M. le docteur Sériès, — et, pendant vingt années, la
clinique d'Ax, fidèle à son passé, montra les mêmes
résultats.

A son tour M. Sériès transmit au docteur Astrié
l'héritage de ses observations. Médecin érudit et sa-
gace, esprit original et neuf, le docteur Astrié mania
pendant vingt années de plus les eaux d'Ax, autant
celles du Couloubret que celles, plus récentes, du
Teich et du Breilh, et il y avait lieu de croire que,
sous la main de cet homme habile, les eaux d'Ax auraient acquis de nouvelles qualités. Il n'en fut rien.
M. le docteur Gustave Astrié, rameau détaché, mais
déjà vigoureux, de notre arbre généalogique, vient de
rendre à la publicité les trésors jusque-là cachés de
la pratique de son père, trésors maintenant ornés
d'une interprétation savante qui fait à la fois de cette
publication une œuvre de maître et un acte de piété

15

filiale. Dix-sept mille observations viennent attester
que Pilhes et Sériès avaient bien vu.

M. le docteur Rigal (de Gaillac) lui-même, avec
l'esprit d'investigation que tout le monde lui connaît,
a recueilli, en passant à Ax, l'histoire de deux mille
cas de maladies, et n'a point démenti les assertions
de ses devanciers.

Enfin j'ai vu moi-même cinq mille malades dont
j'ai dirigé le traitement, et ma pratique, quant à ses
résultats, ne diffère pas de celle de mes prédécesseurs.

Voilà donc une école de médecins, maîtres ou dis-
ciples, tous liés par les relations d'une étroite amitié,
où l'on parle à peu près la même langue, où l'on se
transmet le même enseignement, et où l'on greffe sur
une tradition grandie à l'ombre des siècles et qui
a ses racines dans le moyen âge, une tradition nouvelle, riche de plus de trente mille observations; et
cet immense faisceau de faits témoigne que, depuis six
cents ans, les eaux d'Ax qui n'ont pas changé de caractères, n'ont pas changé de vertus.

Notre pratique thermale est donc limitée dans ce
cercle fatal :

1° Affections rhumatismales ;

2° Maladies de la peau ;

3° Affections catarrhales ;

4° Affections scrofuleuses ;

en donnant d'ailleurs à chacune de ces appellations l'extension que leur donne l'opinion publique.

Dire :

Laquelle de nos trois familles agit pour la curation des espèces comprises dans chacun de ces genres ;

Comment elle agit ;

C'est faire l'histoire des applications de nos eaux à la médecine.

Ne rien changer aux faits, c'est respecter l'observation ; les expliquer pour pouvoir les reproduire, c'est fonder l'expérience.

MALADIES DITES RHUMATISMALES.

Le mot *rhumatisme*, pris dans le sens le plus général, avec la valeur que lui donne le vulgaire, est la désignation générique, vague, indécise, d'une foule de maladies, parfaitement distinctes l'une de l'autre par leurs causes, leurs symptômes, et la manière même

dont elles se conduisent sous l'action des médicaments.

Pour les uns, toute maladie douloureuse, quel que
soit son siége, née sous l'influence du froid et de l'humidité, est un rhumatisme.

Pour les autres, toute maladie douloureuse, quel
que soit aussi son siége, modifiée en plus ou en moins
par les variations atmosphériques, est aussi un rhumatisme.

Ainsi, pris comme causes ou comme effets, l'humidité et le froid, réunis, sont la pierre de touche des
maladies rhumatismales.

Voilà l'opinion commune.

Or quand l'esprit accepte un trait comme caractère
de genre, il groupe sous une même dénomination tout
ce qui offre la parenté de ce caractère.

Une articulation devient-elle malade à la suite d'une
immersion prolongée dans l'eau froide?—Rhumatisme.

Le devient-elle spontanément? L'esprit suppose la
cause, il fait appel au témoignage de la mémoire, et
l'on se souvient d'avoir eu froid un jour, et peut-être
d'avoir sué. — Rhumatisme.

Une vieillle entorse, une ancienne fracture, sont-

elles sensibles aux changements de temps? — Rhumatisme.

Avez-vous des névralgies, un lumbago, une douleur
pleurétique, des coliques, des maux d'yeux, les manifestations algiques de l'anémie, de la chlorose, du
scorbut, de la syphilis, les faiblesses quelquefois poi-
gnantes qui suivent de près l'abus du coït? — Rhumatisme.

Enfant, avez-vous une croissance exagérée qui
amène une roideur pénible dans vos jointures ; jeune
fille, les pâles couleurs ; femme pubère, un allaitement
fatigant; femme sur le retour, des pertes abondantes;
vieillard, un catarrhe ? — Rhumatisme.

Le rhumatisme est un ennemi qui tient un grand
tiers du genre humain dans le cilice de ses douleurs.
On comprend qu'un même remède ne puisse convenir
à des maux aussi divers.

Il est utile de préciser nettement les espèces afin
que le lecteur retire quelque fruit de ce qui va suivre.

Le mot rhumatisme, pris dans le sens de l'opinion
publique, le seul dont j'aie à m'occuper en ce moment,
s'adresse :

1o A des maladies articulaires ;

2 A des douleurs musculaires ;

3o A des douleurs nerveuses.

Je vais passer chacune de ces classes en revue, en tant cependant qu'elles offrent quelque chose de commun à mon sujet, négligeant à dessein quelques variétés sur lesquelles nos eaux n'ont aucune action.

1° Maladies des articulations.

Les maladies des articulations qu'on observe le plus souvent à Ax sont :

A, l'arthrite chronique simple ;

B, le rhumatisme chronique simple ;

C, la goutte ;

D, les plaies des articulations ;

E, l'entorse ;

F, la luxation ;

G, l'ankylose ;

H, Enfin, l'arthrite chronique compliquée d'épanchements séreux, de corps étrangers, de caries, nécroses, fongus, tubercules, etc.

Voici, sommairement indiquées, les modifications que ces maladies éprouvent par l'usage de nos eaux.

A. *L'arthrite chronique simple* est une maladie
très rare. Presque toujours l'arthrite chronique est
placée sous la dépendance de maux cachectiques auxquels elle sert en quelque sorte de prodrôme, pour se
manifester plus tard par des désordres dans les tissus,
désordres qui caractérisent les diverses formes de
tumeurs blanches.

Cette maladie résiste à l'usage de nos eaux en
douches ou bains, et il est de bonne pratique, quand
celles-ci ne la modifient pas, de se méfier de sa nature
et de soumettre le malade, même en l'absence de tout
autre symptôme, à l'usage des médicaments dits alté-
rants, en insistant sur les eaux à l'intérieur, — celles de
la deuxième famille surtout, — plus qu'on ne l'eût fait.

B. *Le rhumatisme articulaire chronique* (*mono-*
ou *poly-articulaire*) fournit à notre examen des cas
très nombreux. Ce rhumatisme offre plusieurs variétés ;
voici les plus communes :

a, chronique à la suite d'un rhumatisme aigu ;

b, chronique d'emblée ;

c, fixe ;

d, erratique ;

e, continu ;

f, rémittent ;

g, il laisse des difformités sur les articulations ;

h, il est contracturaire ;

i, il s'accompagne de la présence d'acide urique dans les urines.

Le rhumatisme *mono-articulaire* est plus difficile à guérir que le *poly-articulaire*.

a. — *Le rhumatisme chronique succédant au rhumatisme aigu* se dissipe aisément quand il est de date récente. La pratique thermale fournit des cas de guérison presque miraculeux.

b. — L'action des eaux est plus incertaine quand le rhumatisme est *chronique d'emblée*. Rarement on obtient sa guérison. Les douleurs sont toujours aggravées d'abord par l'emploi des eaux, mais les malades affirment, presque sans exception, qu'après la saison balnéaire ils ont éprouvé du soulagement, et pendant l'hiver, un bien-être inaccoutumé.

c, d. — *Le rhumatisme chronique fixe* est plus aisément amendé que l'*erratique*.

e. — *Le rhumatisme articulaire chronique con-*

tinu se conduit sous l'action des eaux comme le rhumatisme chronique d'emblée.

f. — *Le rhumatisme rémittent* est avantageusement modifié. Il est d'observation authentique que
les eaux éloignent les rémittences après avoir éveillé
d'abord une foule de douleurs assoupies.

g. — *Le rhumatisme qui laisse des difformités
sur les articulations* ne guérit jamais ; cependant
quelques malades sont soulagés par l'usage de quelques
unes de nos eaux.

h. — *Le rhumatisme contracturaire* est incurable, et nos eaux ne le modifient en aucune façon.

i. — *Le rhumatisme qui est accompagné de la
présence d'acide urique dans les urines* est traité
comme la goutte , et les résultats de l'emploi de nos
eaux sont les mêmes.

Le rhumatisme chronique , quelles que soient ses
variétés, est modifié seulement par la chaleur et par
l'eau, sauf la variété *i*, qui, à la façon de la goutte,
est aggravé par le principe sulfureux. Les autres variétés sont insensibles à l'action de ce principe ; traitées
par les eaux de la première ou de la deuxième famille,

16

elles se conduisent de la même manière, et les résultats statistiques sont semblables; d'où la conséquence
que le principe sulfureux est indifférent dans le traitement de ces maladies. Peut-être cependant, pris à l'intérieur, a-t-il l'avantage de pousser à la peau, de déterminer une diaphorèse plus active, et de concourir
ainsi à la guérison.

Dans la variété *i*, qui établit le passage des rhumatismes à la goutte, les malades se trouvent bien de
l'usage à l'intérieur des eaux de la première famille,
et particulièrement de la *Bleue*, qui ne tarde pas à faire
paraître dans les urines, sous forme de dépôt rouge et
pulvérulent, l'acide urique dont les reins sont chargés.

C. — *Goutte*. — La goutte n'est pas guérie par les
eaux d'Ax; il est cependant d'observation constante et
de très ancienne pratique que les malades dont les articulations sont habituellement gonflées, douloureuses,
roidies, les pieds œdémateux, se trouvent bien des
bains de la première famille. Ceux de la Gourguette
du Couloubret ont une vieille réputation à cet égard;
on leur associe l'eau Bleue à l'intérieur, qui diminue
la diathèse urique dont la goutte s'accompagne.

Les goutteux doivent se garder de prendre leurs bains à une température supérieure à 35 degrés. Un bain tempéré les soulage, il est rare qu'un bain chaud ne détermine pas des accidents aigus sur les articulations.

La gravelle, qui se rattache de si près à la goutte par la production morbide qui la caractérise et par le fait de l'hérédité, est modifiée avantageusement par les eaux de la première famille à l'intérieur.

Dans tous les cas sus-mentionnés, nos eaux sont prescrites sous forme de bains, de vapeurs, de douches ou de boissons.

Décrire, à l'occasion de chaque espèce ou de chaque variété, toutes les modifications que l'habitude commande d'apporter à la durée du bain ou de la douche, à leur température, au nombre de verres de boissons, à la prescription du liquide avec lequel il peut être utile de les couper ; décrire aussi les causes de la préférence qu'on accorde à tel mode sanitaire plutôt qu'à tel autre, serait entrer dans le détail de toutes les inspirations que fait naître dans l'esprit l'observation de chaque cas individuel. Si l'art pouvait se prêter à la sévérité d'un semblable didactisme, il perdrait le cachet de sa spontanéité; il ne serait plus l'art.

Cependant, considéré d'une manière générale, le
traitement par les douches s'applique bien au rhumatisme chronique mono-articulaire fixe; mais le poly-
articulaire, le rémittent et l'erratique réclament davantage les bains et les étuves.

J'ai tracé d'une manière sommaire la physionomie
des variétés les plus communes du rhumatisme articulaire chronique. Je ne me suis occupé que du mal
sans prendre souci de son origine : cependant il n'est
pas inutile de connaître celle-ci, et il est des circonstances étiologiques qui, sans rien changer à l'aspect
de la maladie, font dévier l'action des eaux.

Quelquefois le malade a été assez heureux pour sur-
prendre la cause sur le fait; il a eu froid pendant que
le corps était en sueur, et de là sont venus un rhumatisme aigu d'abord, puis chronique; sur d'autres sujets, des douleurs chroniques d'emblée. C'est à ce
rhumatisme principalement, accepté et décrit comme
type, que s'appliquent les considérations dans lesquelles je suis entré.

Il est des cas nombreux où la cause demeure in-

connue, mais la profession du malade permet de la
supposer avec quelque fondement. Ces nouvelles douleurs sont celles des mariniers, des bateliers, des pêcheurs, des boulangers, des forgerons, des terrassiers,
des verriers, des porte-faix, etc. Bien qu'obscures quant
à leurs causes, ces nouvelles douleurs entrent naturellement dans la catégorie des précédentes.

Il n'en est pas de même de celles que ressentent
quelques femmes après l'accouchement ; les adoles-
cents dont la croissance est trop rapide ; les convales-
cents de maladies typhoïdes, de la variole, de la rou-
geole et de la scarlatine ; les blennorrhagiques ; ceux
qui souffrent de rétrécissements de l'urèthre.

Dans ces nouveaux cas, quelle que soit d'ailleurs la
forme de la chronicité, que les douleurs soient mono-
ou poly-articulaires, l'emploi du soufre *intùs et extrà*
devient l'adjuvant indispensable de la guérison. Les
malades de cette classe se trouvent à merveille des
eaux de la deuxième famille sous forme de bains et de
boissons surtout. A l'exception des quelques cas où il
convient de déplacer une douleur tenace, les douches
ne sont pas indiquées et les étuves sont constamment
inopportunes.

Quand la cause est *in actu*, quand la blennorrhagie existe, quand la sonde ou la bougie destinées à corriger un rétrécissement de l'urèthre sont encore dans ce canal, il est utile d'abord de dégager l'arthrite de toutes relations avec elle. Mais cela fait, l'ancien aphorisme : *Sublatâ causâ tollitur effectus* n'est pas toujours justifié. Des douleurs ordinairement mono-articulaires survivent à ces causes avec une fixité désespérante. C'est contre celles-là surtout que l'on doit diriger les affusions à haute température.

D. — *Plaies des articulations.* — Les eaux d'Ax n'ont pas de vertus spécifiques contre les plaies des articulations ; mais une plaie articulaire, guérie d'ailleurs, a-t-elle laissé de la gêne dans les jointures, une fausse ankylose, les douches et une gymnastique sage et régulière, agissant de concert, aident à recouvrer la liberté des mouvements, surtout si l'on est encore rapproché de l'époque où la plaie fut faite, et si les adhérences celluleuses intra-articulaires ne sont pas très nombreuses.

Les plaies par armes à feu qui ont violemment détruit le squelette de l'articulation et laissé dans son intérieur des esquilles qui doivent être éliminées par des ouvertures restées fistuleuses, se trouvent mieux des bains que des douches. Le bain entretient ces parties dans un état de parfaite propreté, enlève leur turgescence inflammatoire, leur donne plus de flaccidité, favorise peut-être le travail excréteur par le liquide dont il sature l'économie, et permet aux esquilles d'être plus aisément éliminées.

E, F. — *Entorse, luxation.* — Les eaux ne guérissent pas les entorses ni les luxations, mais il est commun que ces maladies laissent, quand l'entorse a été traitée d'une manière convenable, et que la luxation a été réduite, une inflammation chronique de l'article ou simplement de la *roideur* dans les mouvements. Les eaux font merveille dans ce cas quand elles sont employées avec intelligence. Les douches chaudes sont le mode sanitaire qui convient le mieux, mais il est indispensable, si l'on veut en retirer des effets certains, d'associer à leur action le jeu méthodique de l'articulation roidie.

G. — *Ankylose.* — Il n'y a pas de séparation bien tranchée entre les simples roideurs d'une jointure et la *fausse ankylose*. C'est-à-dire que, dans cette limite de l'*ankylose vraie* à la *gêne des mouvements*, il y a une foule de nuances pour la guérison desquelles l'action des eaux est essentiellement utile.

L'ankylose vraie n'est jamais guérie, *l'ankylose fausse* l'est avec d'autant plus de facilité qu'elle est de date plus récente. La fausse ankylose consécutive à d'anciennes tumeurs blanches est incurable ; la fausse ankylose consécutive aux plaies pénétrantes des articulations est très difficile à guérir. De toutes, celle que l'on guérit le mieux est la fausse ankylose déterminée par des appareils contentifs trop longtemps laissés à demeure dans le traitement des fractures ou des luxations.

H. — *Arthrite chronique compliquée*, etc. — L'arthrite chronique compliquée d'*épanchements séreux* et de *corps étrangers* n'est pas modifiée par nos eaux.

L'arthrite chronique compliquée de *caries*, de *nécroses*, de *fongus*, de *tubercules*, est modifiée avantageusement quand l'état local est sous la dépendance de la diathèse strumeuse. Presque tous les malades qui, dans les hôpitaux des grandes villes, subiraient des amputations, conservent leurs membres, grâce à nos eaux, mais seulement quand ils ont la constance de venir à Ax pendant de nombreuses années.

2° Douleurs musculaires.

Des douleurs à caractère mobile, erratique, fugitif, frappent quelquefois le système musculaire.

Ces douleurs surviennent tantôt par l'effet de l'impression de l'air froid et humide, tantôt le froid et l'humidité les modifient sans qu'il soit possible de déterminer nettement leurs causes.

Dans le premier cas les douleurs musculaires constituent à elles seules toute la maladie, ou bien accompagnent l'arthrite rhumatismale, et sont comme elle aiguës, chroniques, fixes ou erratiques.

Dans le second elles sont :

Le retentissement sur les muscles des diverses maladies dont la faiblesse fait le fonds ;

Ou de vraies affections nerveuses symptomatiques de maladies locales.

Il y a donc des douleurs musculaires :

a. — D'origine vraiment rhumatismale ;

b. — Liées à des états asthéniques ;

c. — Symptomatiques de phlegmasies prochaines ;

17

a. — *Douleurs musculaires d'origine rhumatismale.* — Ces douleurs ne sont pas rares; le *coup
d'air* en est l'exemple le plus fréquent.

Elles sont *générales* ou *locales, aiguës* ou *chroniques*. A l'état aigu, ces maladies sont, dans les stations minérales, soustraites à notre observation.

A l'état chronique, on les y trouve sous la forme
diffuse de *rhumatisme cortical*, et plus souvent sous
la forme fixe, locale et bien précise de *lumbago*, de
pleurodynie, de *torticolis*, bien que d'ailleurs tous
les muscles de notre machine puissent en être atteints,
et spécialement ceux de la paroi pré-abdominale, les
deltoïdes et les pectoraux.

On les combat avec quelque efficacité par l'usage
des bains, des douches, et surtout des étuves, mais on
doit attendre peu de résultats quand le rhumatisme
a contracturé depuis longtemps les muscles, et que
ceux-ci ont à leur tour fait perdre aux surfaces articulaires voisines leurs rapports normaux. C'est ainsi
que le torticolis ne guérit pas quand les sterno-cléido-
mastoïdiens ont entraîné violemment la tête à droite
ou à gauche, et changé les rapports des surfaces articulaires des vertèbres cervicales.

Le lumbago rhumatismal chronique prend souvent, sous l'influence des eaux, un caractère tellement aigu que cette acuité force à suspendre le traitement. Mais les malades qui supportent avec facilité les douches à haute température retrouvent dans les mouvements du dos une flexibilité depuis longtemps perdue.

b. — *Douleurs musculaires liées à un état asthénique.* — Il y a des douleurs rhumatoïdes qui frappent le système musculaire et qui sont sous la dépendance de diverses débilités. Les plus communes de ces douleurs sont celles qui accompagnent *la chlorose, l'allaitement prolongé, la syphilis constitutionnelle, l'abus du coït, les pertes séminales involontaires, la maladie de Bright, le diabète, l'usage du mercure, la métrorrhagie, les fièvres intermittentes, le scorbut, la pellagre, les anciens catarrhes des vieillards, la diarrhée chronique, les flueurs blanches, les longues suppurations, la présence de vers dans le tube intestinal,* etc.

Quelquefois ces douleurs ont un siége de prédilection : elles siègent entre les épaules pendant les longs allaitements ; aux mollets, dans la cachexie paludéenne.

Les eaux minérales d'Ax s'appliquent heureusement à la guérison de ces douleurs. Les eaux de la
seconde famille en boissons et en bains remplissent
parfaitement cette indication.

Dans certains cas, dans la syphilis constitutionnelle
et la chlorose par exemple, il convient d'ajouter à l'u-
sage des eaux celui des spécifiques que réclament ces
maladies.

Dans d'autres, le médecin doit, au préalable, détruire
les causes des douleurs sous peine de voir sa médication demeurer infructueuse. Que pourraient, en effet,
les eaux contre l'onanisme et le tænia par exemple?
L'élément sulfureux ne s'adresse point à la cause du
mal, il ne s'adresse pas au fait même de la douleur,
mais à l'état asthénique que la cause a produit et dont
la douleur est l'expression.

Cette remarque est même si importante qu'il est quelquefois imprudent, dans cette catégorie de douleurs,
d'administrer les eaux sulfureuses quand la cause est
encore en jeu. Ainsi la métrorrhagie actuelle est
toujours augmentée par les eaux sulfureuses sous
quelque forme et avec quelque modération qu'on les
prescrive.

c. — *Douleurs musculaires symptomatiques de phlegmasies prochaines*. — Il y a des douleurs musculaires qui sont symptomatiques de phlegmasies voisines.

L'inflammation du foie occasionne une douleur à l'épaule correspondante. *L'embarras des reins,* quand ceux-ci sont chargés de graviers, se traduit par un lumbago tenace ; *la coxalgie,* par des douleurs dans la cuisse ou le genou ; *la pleurésie*, par une douleur sur la paroi du thorax ; l'état inflammatoire des *vésicules séminales*, par des douleurs à la partie postérieure du bassin ; *la myélite*, par des douleurs susjacentes au point malade ; et un simple état congestif des enveloppes de la moelle épinière, même très léger, par des douleurs dans les membres inférieurs, d'une telle acuité quelquefois qu'elles masquent la véritable cause de la maladie et que le symptôme semble porter plus haut la parole que le mal lui-même.

Toutes ces affections et bien d'autres encore sont communes dans notre station thermale, et les malades, à l'exception de ceux dont un praticien exercé dirige le traitement, se classent d'eux-mêmes sous une même rubrique : *Rhumatisants*. A l'inspecteur revient le soin d'établir les distinctions. L'habitude fait opérer ce départ avec promptitude. Il est rare que l'on ne sache, après le récit d'un malade, à quel genre de douleurs on a affaire. Le récit achevé, on ajoute, à l'énumération des souffrances, des souffrances oubliées, des caractères inaperçus, et le diagnostic prend l'apparence d'une espèce de divination.

Nul n'a ausculté la poitrine de celui-ci qui, atteint d'une pleurésie, souvent circonscrite et trop limitée pour avoir du retentissement sur l'arbre circulatoire, croit avoir un rhumatisme de la poitrine.

Cet autre, qui se suppose un rhumatisme des reins, a vu, sans y prendre garde, le dépôt rouge que laissent ses urines sur les parois du vase qui les contient.

Ce troisième enfin, sur le chemin de la paralysie, ne se plaint pas des fourmillements légers qui parcourent de temps en temps la surface de ses membres, du froid qu'il ressent aux pieds, des érections continuelles qu'il éprouve pendant la nuit.

Certes le même mode de traitement ne convient pas à des maladies si différentes.

Les bains de la première famille, à la température de 33 degrés, conviennent parfaitement aux phlegma-

sies chroniques; les boissons de la deuxième, concur-
remment avec les bains, quand l'inflammation frappe
une membrane muqueuse; l'eau bleue, en boissons,
dans le lumbago symptomatique de la présence de
graviers dans les reins.

On doit être extrêmement réservé dans l'usage des
bains entiers pour le traitement de la myélite progressive, dont les débuts, souvent insidieux, se révèlent
quelquefois avec un appareil effrayant par l'effet d'une
médication intempestive. Les douches, sur les jambes,
sont infiniment préférables à tout autre traitement, et
il me souvient d'avoir vu mourir, en peu de jours, un
jeune homme pour avoir inopportunément pris un bain
trop chaud.

3° Douleurs nerveuses.

Il n'y a pas que des douleurs articulaires et des douleurs musculaires classées par l'opinion publique
parmi les maladies rhumatismales, mais encore quelques maladies nerveuses

a, Qui frappent les troncs ou les rameaux nerveux ;

b, Qui pervertissent la sensibilité tactile ;

c, Qui modifient la motilité.

a. — *Douleurs qui frappent les troncs ou les rameaux nerveux.* — Envisagées à un point de vue général, ces maladies douloureuses des nerfs, quels que soient leurs siéges, sont produites par des causes diverses. Tantôt c'est une inflammation du nerf ou de sa gaîne, une *névrite*, tantôt une *dégénérescence*, tantôt le voisinage de *tumeurs* qui compriment le cordon nerveux. Nos eaux ne peuvent rien dans ces cas.

Mais quelquefois les névralgies naissent sous l'influence d'un état *rhumatismal*, ou sont entretenues par un état de *débilité* générale. C'est ici que les eaux trouvent l'indication véritable de leur emploi.

Malheureusement il est très difficile de distinguer, *à priori*, quelle est la cause du mal, quoi qu'on ait dit et écrit à cet égard. Cependant l'examen de l'individu malade, celui de la névralgie, la considération de sa mobilité ou de sa fixité, de sa prédilection pour un même nerf ou de ses allures vagabondes, fournissent des données dont le diagnostic tire parti.

Quand le mal prend un type régulier, il est essentiel d'employer les antipériodiques en même temps que les eaux.

Si la névralgie paraît être de nature rhumatismale,

on la traite par les bains de la première famille chauds, par les douches et les vapeurs. L'expérience est ici la pierre de touche ; quelques malades se trouvent mieux des bains, d'autres des douches, d'autres enfin sont guéris par les vapeurs.

Mais si la névralgie paraît être entretenue par un état de débilité générale, à la façon de ces douleurs symptomatiques des muscles dont j'ai déjà parlé, il y a lieu d'en rechercher les causes, de les combattre par les moyens spécifiques, s'il en existe, de prescrire en même temps les eaux de la deuxième famille qui relèvent la tonicité, en se souvenant bien que l'action des eaux est un adjuvant de traitement et pas le traite-ment lui-même.

b. — *Perversion de la sensibilité tactile.* — Cette maladie se présente à notre observation, tous les ans, sous les formes :

Anesthésie,

Hyperesthésie,

Perception anormale de chaleur,

— de froid.

Les causes qui font naître les névralgies engendrent

18

les perversions de la sensibilité tactile. Les mêmes considérations, en ce qui concerne leur traitement, sont applicables à ces dernières.

c. — *Maladies nerveuses qui modifient la motilité.* — Toutes les maladies nerveuses qui modifient la motilité ne sont pas classées par le vulgaire parmi les rhumatismes ; mais celui-ci attribue volontiers au rhumatisme la paternité de quelques *paralysies locales* à cause mystérieuse et inconnue, des *crampes* et des *contractures*.

Il est des contractures progressives qui gagnent quelquefois les membres en les pliant vivement, dans le sens de la flexion, sans presque occasionner de douleur. Il me souvient d'en avoir vu à Ax un remarquable exemple où tous les muscles de la vie de relation étaient paralysés ainsi, la tête conservant d'ailleurs sa parfaite intelligence, et la vie organique se faisant au sein d'un calme complet.

D'autres fois un membre ou une brisure d'un membre se paralysent, sans qu'on en connaisse le motif, et cette paralysie persiste ou disparaît avec un égal caprice.

Celui-ci a eu la moitié de la face paralysée spontanément, sans douleur, quelquefois après l'impression de
l'air frais, et cette paralysie a une durée éphémère ou
une longueur à faire le désespoir de toutes les médications.

Cet autre a eu soudainement les cordes vocales pa-
ralysées et n'a point recouvré la voix. Cet autre enfin
n'a eu probablement qu'une seule corde vocale paralysée, et sa voix a quelque chose de plaintif et d'ondu-
lant comme le cri de la chèvre.

Un enfant eut, quelque temps après la variole, une
paralysie des quatre membres avec perte du mouve-
ment et du sentiment; la tête seule était vivante. Cet
enfant pensait, parlait, mangeait, digérait avec facilité
et ne souffrait pas.

J'ai vu une dizaine de jeunes bergers âgés de cinq à
huit ans, frappés tout à coup de paraplégie complète,
en gardant leurs troupeaux. Ils n'ont jamais ressenti
de douleurs dans le rachis, et la défécation, aussi bien
que la miction, ont conservé chez eux leur liberté.

Les crampes ne sont pas moins singulières dans le
choix des muscles qu'elles frappent, dans l'obscurité
de leurs causes et le caprice de leurs retours.

Quand des faits de ce genre se présentent à Ax, nous sommes réduits à faire de l'empirisme. Nous ramassons des chiffres, et de l'enseignement des nombres peut-être un jour sortira-t-il une loi !

MALADIES DE LA PEAU.

L'usage du soufre, dans le traitement des maladies de la peau, se perd dans la nuit des temps. Naaman, chef des troupes de Syrie, fut guéri de la lèpre, nous racontent les Écritures, après s'être baigné sept fois dans les eaux sulfureuses du Jourdain.

Il n'y a pas en France, et peut-être dans le monde entier, une seule source naturellement hépatique, ou qui le devienne par l'effet de l'immersion du corps, à laquelle l'opinion publique ne reconnaisse des vertus antidartreuses.

Cette croyance est tellement répandue que, même dans nos campagnes, les paysans ont l'habitude de jeter des bâtons de soufre dans les abreuvoirs, ayant l'espérance de préserver ainsi leurs bestiaux des affections cutanées.

Cette foi si ancienne et si générale est assurément

fondée sur l'observation, sur cette observation à la portée de tout le monde, qui n'exige que l'application des yeux.

Il est donc vrai que nos eaux sulfureuses guérissent les maladies de la peau, mais il faut se garder de croire qu'elles les guérissent toutes, et, quand elles guérissent, qu'elles le font toujours d'après le même procédé thérapeutique.

Au point de vue de la pratique hydrominérale, on doit distinguer soigneusement les deux conditions étiologiques suivantes :

1º La maladie de la peau est essentielle.

2º La maladie de la peau dépend d'une affection générale dont elle est un des symptômes.

On doit noter aussi deux circonstances bien différentes de sa physionomie, à savoir :

1º Elle repose sur une base enflammée.

2º Elle est parfaitement dépourvue d'inflammation.

Dans l'examen rapide que je vais faire des diverses formes des maladies de la peau traitées par les eaux d'Ax avec quelques succès, j'insisterai à dessein sur ces deux caractères :

La maladie est-elle essentielle ou symptomatique ?

La maladie est-elle avec ou sans inflammation ?

Et je dirai quelles modifications ces caractères amènent dans l'application de la médication thermo-minérale.

Exanthèmes. — *L'urticaire essentielle* est amendée par les bains frais de la première famille. La démangeaison est toujours augmentée par les bains des autres familles.

L'urticaire chronique est le plus souvent *symptomatique* d'un état irritatif du tube intestinal. La médication reste la même : les bains de la Gourguette, Rigal, Boulié, et, à l'intérieur, des boissons émollientes ou légèrement acidulées.

L'érysipèle, fréquent dans ses retours, est la seule variété pour laquelle quelques malades viennent réclamer l'action de nos eaux. Cet érysipèle se rattache souvent à une faiblesse particulière, mais indéfinie dans sa nature, de la peau, ou bien au trouble qu'apporte la ménopause. Les bains Séries et Astrié lui conviennent parfaitement. On leur associe les boissons de la deuxième famille.

Vésicules. — L'*eczéma* chronique est une des maladies de la peau les plus fréquentes que l'on voie dans les stations sulfureuses.

Quelle que soit sa variété, si elle est enflammée, on est certain de l'aggraver en la traitant par les bains sulfureux. L'eczéma qui repose sur une surface enflammée réclame impérieusement l'action du froid.

Dans ces conditions, est-il *essentiel?* Ce n'est pas le principe minéral qui le guérit, mais l'eau et le froid.

Un de mes amis, sain de corps, avait à la jambe un eczéma chronique qui, entre les mains des hommes de l'art les plus capables, avait résisté aux bains sulfureux, alcalins, mercuriels, aux bandelettes de Baynton, à la cautérisation avec le nitrate d'argent, à tous les emplâtres, onguents, cataplasmes, épithèmes enfin, et qui guérit en quelques jours par l'usage des bains prolongés que fit le malade à l'établissement public de Ligny.

Un autre malade avait un eczéma chronique, traité pendant trois ans sans succès par les bains d'Ax de diverses familles, pris à la température de 36 degrés.

Il me suffit de prescrire des bains locaux de deux heures à la température de 25 degrés, et le malade guérit en trois jours.

L'eczéma est-il *symptomatique ?* S'il est enflammé, on se dirigera d'après les considérations qui précèdent, en employant, à l'intérieur, en même temps que l'on prescrira les bains, les sources Saint-Roch, Pilhes, du Bain Fort et Petite sulfureuse, en boissons.

S'il n'est point enflammé, les boissons ne changeront pas, mais le malade prendra les bains Pilhes, Fontan, ou du Bain Fort, à la température de 35 degrés centigrades.

Les diverses variétés d'*herpès* donnent lieu aux mêmes applications.

Les malades porteurs de *gales* invétérées se trouvent bien des bains de la deuxième famille et des buvettes Petite sulfureuse, Bain Fort, Isabelle, Saint-Roch, Patissier, à l'intérieur.

Bulles. — Les bains m'ont paru constamment nuisibles dans le traitement du *pemphigus* chronique, et je ne saurais affirmer que les eaux prescrites à l'intérieur aient été salutaires, les malades ayant, après leur départ des bains, remplacé par d'autres médications les remèdes sulfureux.

On est plus heureux dans le traitement du *rupia* qui

s'accommode très bien des bains et des boissons de la deuxième famille, les premiers prescrits à 36 degrés centigrades.

Pustules. — L'*impétigo* est assurément la plus commune des maladies pustuleuses que l'on observe dans nos établissements. Quand cette maladie s'accompagne de médiocres douleurs et d'une inflammation modérée, quels que soient son siége et sa variété, les bains et les boissons de la deuxième famille en triomphent assez bien. Mais il faut se garder d'omettre l'examen de ses causes, car il n'est pas de maladie de la peau qui soit, à mon sens, placée plus souvent sous la dépendance d'un état constitutionnel.

Quelquefois elle forme le prélude de cet état. Quand l'impétigo se présente sous forme de croûtes laiteuses, gourmes ou teignes, selon qu'il convient aux auteurs d'appeler ces diverses manifestations d'une même maladie, la règle est qu'il faut le guérir le plus promptement possible; je sais que des médecins recommandables, M. Trousseau entre autres, ne partagent pas cette manière de voir, mais je n'ai jamais vu des accidents succéder à cette pratique. Si, au contraire, on

19

ne réprime pas cette tendance à la suppuration, les enfants deviennent plus tard scrofuleux quand la maladie de la peau se supprime.

D'une autre part, il n'y a pas de ménagement à garder dans le traitement d'un impétigo placé sous la dépendance évidente de la diathèse scrofuleuse.

De toute façon l'impétigo est une maladie que l'on peut attaquer sans crainte. Elle se prête d'autant mieux à cette pratique que l'inflammation qui l'accompagne est presque toujours médiocre, et que nos bains peuvent être prescrits sans artifice.

Les mêmes considérations s'appliquent à l'*ecthyma* chronique.

La *mentagre* et le *sycosis* ne sont habituellement pas guéris par les eaux sulfureuses, quelle que soit la forme sous laquelle on les administre; mais il est possible de faire concourir celles-ci à la guérison quand la cause du mal se prête à leur adjonction et que l'on traite d'ailleurs le mal lui-même topiquement par des remèdes convenables.

L'*acné* chronique est le plus souvent un moyen de

dépuration dont la nature se sert à l'époque de la puberté, moyen que, sous forme de boissons et de bains de la deuxième famille, nos eaux secondent très bien.

Les eaux sulfureuses ne détruisent pas le principe spécifique du *favus*, mais les eaux de la troisième famille, en lotions, nettoient la tête, font tomber les croûtes, mettent à nu les surfaces malades, de telle façon qu'on peut les mettre aisément en contact avec des remèdes convenables. Les teigneux qui viennent à Ax, s'en retournent après un ou deux mois de traitement avec une apparence bien moins repoussante, et, s'ils ont la constance de maintenir ultérieurement leur tête en état de parfaite propreté, en la lavant matin et soir avec de l'eau sulfureuse artificielle, de l'essuyer ensuite et de la frictionner après avec de la pommade légèrement alcaline, ils reviennent guéris l'année suivante. Mais il est rare que les parents, quand la teigne frappe de jeunes enfants, mettent à faire ce traitement la persévérance nécessaire. Les adultes, qui ont hâte de se débarrasser d'un signe de proscription, surmontent, seuls, l'ennui et la longueur de ces soins.

Prescrites en boissons, les eaux de la deuxième famille corrigent cet état de faiblesse générale dont les teigneux sont généralement affectés.

Papules. — Les bains de la deuxième famille agissent très bien dans le traitement du *prurigo* ; le *lichen*, que ces mêmes eaux guérissent aussi, se montre quelquefois réfractaire à leur action. Les bains Viguerie et même la douche sont indiqués pour animer alors de vieilles plaques de lichen. Il est rare qu'elles ne pâlissent pas après quelques jours de traitement, qu'elles ne deviennent moins rugueuses, pour disparaître tout à fait si le traitement est assez longtemps prolongé.

Squames. — Parmi les squames, le *psoriasis* est combattu efficacement par les bains Viguerie chauds. Je les alterne quelquefois avec des bains savonneux ou alcalins, qui ont l'avantage de ramollir plus aisément les squames, de faciliter leur chute et de mettre ainsi à découvert la partie du derme que le principe sulfureux doit plus tard modifier.

Quand le psoriasis est quelque peu étendu, quand il est général et se métamorphose en *lèpre vulgaire*, le traitement en est long, mais les bains Viguerie en triomphent.

Les eaux n'agissent pas aussi bien dans le traitement des diverses variétés du *pityriasis*. Quant à leur nature, les variétés *simplex* et *versicolor* sont celles que l'on guérit le mieux. Quant au siége, le pityriasis du cuir chevelu est le plus tenace, si l'on ne prend la précaution de faire raser les cheveux et de laver la tête avec de l'eau savonneuse, afin de la dépouiller de la matière grasse qui entoure le derme et l'empêche de se mettre en contact avec l'eau sulfureuse.

Tubercules. — Les cas de *lupus exedens* et *serpigineux* ne sont pas rares à Ax. L'action des eaux n'est jamais immédiate dans le traitement de ces maladies, mais il est des malades qui, venus pendant plusieurs saisons consécutives, affirment avoir retiré grand fruit de l'usage des eaux. J'en ai vu quelques uns avec d'anciennes *esthiomènes* en voie manifeste de guérison. Le lupus est sous la dépendance du vice scrofuleux, et les eaux qui sont indiquées pour sa guérison sont celles de la 2ᵉ famille prises en bains et en boissons.

Je n'ai pas eu l'occasion de voir les autres espèces du genre *tubercule*, sauf quelques cas d'*éléphantiasis*, que les eaux n'ont pas guéris.

Macules. — L'action de nos eaux est nulle dans le traitement des macules, bien qu'elles soient partout recommandées par leur curation. J'ai vu bien des cas d'*éphélides* et de *vitiligo* qui sont toujours restés indifférents à l'action de nos eaux sous toutes formes.

Enfin, pour achever ce qui se rapporte aux maladies de la peau, il me reste à dire un mot de quelques affections qui intéressent seulement la vitalité de cet organe, telles que le *prurit* et l'*éphidrose ;* d'une autre qui offre de son côté un symptôme saillant, je veux dire la *pellagre ;* et de quelques autres enfin qui y ont leur siége, tels que les *ulcères* et l'éruption chronique de *furoncles*.

Les causes du *prurit* sont souvent fort obscures, la lésion anatomique qui l'entretient nulle, et l'action des eaux fort incertaine.

Quand l'*éphidrose* est essentielle, c'est-à-dire qu'elle
n'est pas symptomatique de la lésion de quelque
organe interne, on la combat avec efficacité par les
bains Viguerie à la température de 42 degrés centigrades, auxquels on donne une durée de quelques
minutes seulement.

La *pellagre* est loin d'être une maladie de la peau,
quoiqu'elle détermine un exanthème rémittent des extrémités. Les causes de cette affection sont encore inconnues, malgré les assertions émises à cet égard. La
pellagre atteint l'économie tout entière. Elle s'accompagne presque toujours de la présence d'albumine dans
les urines, ce qui prouve que le liquide nourricier de
l'économie paie lui-même son tribut à ce mal. D'une
autre part, les pellagreux qui n'ont pas l'exanthème des
mains, des pieds et de la figure, à l'époque où cet exanthème se montre habituellement, ne sont pas rares.

C'est dire que cette maladie doit être distraite du
cadre des affections cutanées, et qu'elle ne saurait
prendre part à la spécialité dont jouissent les eaux sulfureuses contre quelques unes de celles-ci. Il est possible d'ailleurs que, par son action générale et tonique,

le soufre la modifie avantageusement, mais aucun des
faits que je possède ne me permet de l'affirmer.

Les *ulcères* abondent chez nous, ulcères de toutes
dimensions, de toutes formes, de toutes causes ; ulcères *scrofuleux*, *variqueux*, *dartreux*, *cancéreux*,
syphilitiques, etc.

Le traitement doit tenir compte de leurs causes, afin
des les amener à l'état de simplicité voulue pour la
guérison.

Quand on a à soigner une plaie transformée en ulcère par le travail, l'usage intempestif de pommades
irritantes, de pansements mal faits, la malpropreté, etc. ;
on le guérit toujours par les eaux de la deuxième famille en bains généraux et locaux de trois heures de
durée le matin et autant le soir. Après une quinzaine
de jours de ce traitement, les callosités s'effacent, le
bord et le fond se mettent de niveau et la cicatrisation
est rapide pour peu qu'on la seconde par de très légères cautérisations concentriques au nitrate d'argent.

Quand l'ulcère est rond, on rend la guérison plus
facile en lui donnant une forme plus ou moins recti-
ligne à la faveur de bandelettes enduites de collodium

que l'on applique parallèlement à un diamètre en rapprochant vivement l'un de l'autre les bords opposés de l'ulcère. Ces bandelettes ne se détachent pas dans le bain.

Les ulcères simples des jambes, un peu profonds et étendus, exigent au moins deux mois de traitement pour leur guérison. Il devient inutile de la tenter si le malade ne doit pas rester un temps suffisant auprès de nos sources.

L'éruption chronique de furoncles qui suit si souvent la convalescence de maladies infectieuses, et qui, quelquefois pendant la puberté, se présente comme un vrai moyen de dépuration dont la nature dirige les efforts, est une espèce de crise salutaire que les eaux de la deuxième famille, celle du Bain Fort ancien et nouveau en particulier, en bains et boissons, favorisent en donnant à l'économie le ton et l'excitation nécessaires pour que les forces vives poussent la matière purulente au dehors, et pour que l'absorption devenant supérieure à l'excrétion, ne s'empare pas des produits sécrétés et ne place ainsi la santé du malade dans un cercle vicieux.

20

Il faut se garder de confondre ces éruptions avec les abcès froids de la scrofule dont j'aurai à parler plus loin. Leur traitement est, à la vérité, le même, mais il s'en faut que les abcès froids guérissent avec la promptitude des furoncles chroniques.

AFFECTIONS CATARRHALES.

Il existe, entre les affections catarrhales et les maladies de la peau, de nombreux points de contact. Les maladies catarrhales ne paraissent être que des lésions de cette peau intérieure que l'on nomme membrane muqueuse. Il est extrêmement rare que les exanthèmes ne soient accompagnés d'un état irritatif du tube digestif; les squames et les pustules, d'une altération particulière dans les fonctions de l'estomac, et, quand ces dernières se présentent sous formes de *mentagre*, *d'eczéma chronique du cuir chevelu* et *d'impétigo figurata*, d'une toux concomitante. Les muqueuses sont presque toujours malades chez les enfants gourmeux.

Aussi l'usage du soufre contre ces sortes de maux est-il presque aussi ancien que contre les maladies de la peau.

D'une autre part les catarrhes présentent avec les rhumatismes une étroite parenté : j'entends dire avec les douleurs musculaires classées par le vulgaire dans le genre rhumatisme. La plupart des catarrheux se plaignent de ces douleurs. Les catarrhes sont, comme celles-ci, influencés par la chaleur, le froid et l'humidité. La philosophie du langage a traduit autrefois cette parenté, que l'observation avait rendue évidente, en donnant aux mots *rhume, rhumatisme, catarrhe*, le même radical (ῥέω).

Cette circonstance, jointe à la précédente, fait que, de toutes, les eaux sulfureuses thermales sont les eaux préférées dans le traitement de ces maladies.

Cette préférence est fondée, et leur action, dans maints cas, est souveraine.

Le cercle des affections catarrhales s'est de nos jours singulièrement rétréci. Le temps n'est pas éloigné où toutes les maladies chroniques des poumons étaient considérées comme un catarrhe; toutes celles des organes génitaux de la femme, la plupart de celles du tube intestinal, la majeure partie de celles des yeux, comme des catarrhes.

Les nécropsies, l'auscultation et la percussion,

l'examen réfléchi de quelques groupes symptomatiques
nous ont permis d'apporter quelques lumières dans ce
chaos.

Aujourd'hui les maladies catarrhales sont limitées
aux affections chroniques des membranes muqueuses,
considérées seulement dans leur état de simplicité.
Ainsi la bronchite chronique est un catarrhe, mais la
bronchite chronique qui serait entretenue par un épan-
chement pleurétique, la présence de tubercules dans
les poumons, un obstacle à la circulation pulmo-
naire, etc., n'est pas un catarrhe. Le mot lui-même
a vieilli, et, pour éviter la confusion, il est préférable
de ne pas l'employer.

La *bronchite chronique* simple des vieillards est
une des maladies que nos eaux amendent le plus. Il
n'est pas de malades qui ne passent d'excellents hivers
quand ils sont restés une saison auprès de nous. Ils
sont unanimes dans leurs affirmations.

Les eaux des buvettes Saint-Roch, Petite sulfureuse
et Bain Fort, sont préférables à toutes autres. On les
prescrit toujours en boissons.

Il s'en faut que le mode balnéaire soit interdit, mais

il est l'accessoire du traitement, et est subordonné à
la constance ou à la variabilité du temps, à l'impres-
sionnabilité souvent très grande des malades et à
leur âge.

Il y a de graves inconvénients à tenter l'action des
eaux sulfureuses en boissons et surtout en bains chez
les malades dont la bronchite chronique est entretenue
par une affection du cœur ou par des tubercules pul-
monaires. Les malades, atteints de phthisie, — quand
j'ai pu nettement préciser le diagnostic de celle-ci, —
n'ont pas été guéris, et n'ont pas été sensiblement soulagés. On peut même dire que, malgré tous les ménage-
ments dans l'usage interne des eaux, celles-ci aggravent
toujours la phthisie confirmée.

Les eaux de la deuxième famille en bains et boissons, secondées par des douches dirigées sur la nuque,
produisent, dans le traitement des *laryngites chroniques*, le même résultat que dans celui des bronchites
chroniques simples. Quand la laryngite chronique n'est
pas placée sous la dépendance d'un état constitutionnel
ou sous celle de maladies graves des poumons, elle
est amendée par les eaux sulfureuses. C'est la règle.

L'entérite chronique, commune chez les enfants, exige l'emploi des bains de la Gourguette, Boulié et Rigal à la température de 35. Un bain chaud augmente ordinairement l'irritation intestinale. On associe avec avantage à cette médication l'eau Pilhes coupée avec du lait à la dose d'un à deux verres chaque jour.

La *cystite chronique,* quand elle est de nature catarrhale, c'est-à-dire qu'elle n'est pas entretenue par la présence de graviers, une affection organique de la prostate ou des rétrécissements de l'urèthre, est amendée par les eaux en bains et en boissons de la deuxième famille, par des douches à colonne sur les lombes, ou des douches en arrosoir sur le bas-ventre.

La *rhinite chronique* réclame les mêmes eaux et l'emploi de douches sur la nuque quand elle est simple, ce qui est rare. Le plus souvent elle est l'expression d'un état lymphatique, scrofuleux ou syphilitique. Dans ces cas elle réclame, à l'intérieur, des remèdes adaptés à la cause du mal.

La *blépharite ciliaire chronique* est constituée par une affection pustuleuse des glandes de Meibomius

que les eaux sulfureuses guérissent comme elles le
font de l'impétigo, à la réserve cependant que le caractère inflammatoire du mal soit modéré. Elles agissent principalement à la façon de collyres irritants,
sans contester cependant que le principe sulfureux
n'ait une action spécifique dans ces cas. La guérison
se fait suivant le même mode quand la blépharite
accompagne les dartres farineuses de la figure ou du
cuir chevelu.

Mais est-elle liée à la diathèse strumeuse, on ne
peut guère en triompher que par l'usage interne des
eaux ou des remèdes qui guérissent les strumes, et
souvent même elle leur survit.

La *conjonctivite chronique*, la *kérato-conjoncti-
vite chronique*, la *kératite phlycténulaire rémittente*, dépendent presque toujours de la diathèse strumeuse. La kératite rémittente est toujours aggravée
par l'usage des eaux en bains ou en lotions pendant
l'acuité de l'accès ; on doit se borner à les prescrire en
boissons et attendre tout de la modification heureuse
que l'usage continu des boissons hépatiques apporte
aux constitutions scrofuleuses.

Les *flueurs blanches*, entretenues par un simple catarrhe vaginal et indépendantes d'une maladie organique de l'utérus ou d'une cause vénérienne, sont traitées comme la cystite chronique et avec le même succès. Les injections continues d'eau sulfureuse, dans le bain même, favorisent la guérison.

Je n'ai pas eu la pensée de parcourir le cadre entier des affections catarrhales, mais j'ai voulu parler de celles seulement que l'on observe à Ax le plus souvent.

Il résulte des considérations qui précèdent que, dans le cercle des affections catarrhales, les eaux sulfureuses de la deuxième famille sont seules indiquées.

Elles exaspèrent toujours l'élément inflammatoire quand celui-ci existe, et n'agissent avec efficacité qu'à certaines conditions succinctement énumérées plus haut.

Le mode de traitement par les boissons et les bains forme la règle. Celui par affusions, douches et vapeurs forme l'exception.

AFFECTIONS SCROFULEUSES.

Les médecins, sans pouvoir définir avec netteté ce qu'est la *scrofule*, s'entendent cependant sur le fait de son existence et sur ses principaux caractères. Ils admettent une diathèse inconnue dans son essence, mais bien appréciable dans ses manifestations, qui se traduit à l'extérieur par des inflammations chroniques

De la peau,

Des organes des sens,

Du tissu glandulaire,

Des articulations,

Des os,

Du tissu cellulaire sous-cutané.

Ils reconnaissent tous que ces inflammations tendent à traîner en longueur, à frapper de mort la vitalité des tissus, à produire ordinairement beaucoup de pus, et à laisser, après leur guérison, des cicatrices irrégulières qui sont les traces indélébiles d'une maladie qui n'est plus.

Il ne faudrait pas moins d'un volume pour décrire convenablement toutes les formes que prend la scrofule quand elle frappe un des tissus ou un des organes

21

sus-indiqués. Un travail de ce genre serait ici superflu.

Sur *la peau* la scrofule entretient des affections capables de revêtir principalement les formes de vésicules, de pustules et de squames. Extérieurement, on applique la médication sulfureuse thermale comme si ces maladies n'étaient pas sous la dépendance d'une diathèse, en tenant compte de leur siége, de leur nature, de leur degré d'acuité, et employant pour chaque genre l'eau sulfureuse et le mode sanitaire que le genre réclame.

Quant à la diathèse, on la combat en prescrivant, à l'intérieur, les eaux de la deuxième famille, à doses élevées, car il n'est pas de malades qui les supportent mieux que les scrofuleux.

Les *maladies des organes des sens*, presque toutes caractérisées par la phlegmasie chronique de la membrane muqueuse qui recouvre ceux-ci, seront combattues comme des maladies essentielles, avec les modifications indiquées déjà pour chacune d'elles, mais la cachexie qui joue le rôle de cause réclame le traitement interne des maladies de la peau entretenues par la même diathèse.

Il en est de même des *engorgements glandulaires* aigus et chroniques qui sont modifiés par les bains ou les douches, suivant l'espèce, mais qui ne sauraient être guéris avec certitude qu'à la condition de faire disparaître la cause générale qui les a fait naître.

Les bains et les douches amendent les maladies articulaires de nature scrofuleuse, *abaissent et flétrissent les callosités d'ulcères fistuleux, facilitent la sortie du pus, le travail de la carie, l'élimination des séquestres, la fonte des masses tuberculeuses des os*, mais ne guérissent les malades qu'à la condition qu'on sature ceux-ci, intérieurement, des eaux sulfureuses de la deuxième famille.

Les mêmes considérations s'appliquent aux *dépôts tuberculeux* et aux *abcès froids multiples* qui se déclarent dans le tissu cellulaire sous-cutané.

En somme, chez les scrofuleux, le principe constitutionnel réclame impérieusement les eaux de la deuxième famille à l'intérieur, mais le symptôme, quel qu'il soit, se trouve quelquefois très bien de l'application de l'une ou de l'autre de nos eaux sous la forme topique de bains ou de douches.

§ II. — Thérapeutique générale.

Il ressort de l'enseignement des faits et du passé
que les eaux d'Ax sont utiles :

Contre quelques maladies vulgairement appelées
rhumatismales ;

Contre quelques maladies de la peau ;

Contre quelques maladies des membranes muqueuses ;

Et enfin contre toutes les formes de la scrofule.

J'ai dit simplement, brièvement et presque sous
forme aphoristique, le résultat des faits, de l'observation et de l'expérience.

Il m'eût été facile d'appuyer chacune de mes assertions du récit de cas particuliers et probants. L'œuvre
eût alors pris l'apparence, peut-être plus agréable à
l'œil, d'un édifice dont la base est entourée de sta-
tues qui s'encadrent avec harmonie dans son archi-
tecture. Ce qu'elle a perdu en grâce, elle le gagne en
sévérité. On fait parler aux faits tel langage que l'on
veut, quand on en restreint le nombre ; d'une autre
part, si l'on donne à celui-ci de trop larges proportions, la synthèse disparaît sous le détail, à l'exemple

de ces portiques où l'esprit cherche vainement dans le voisinage immense des figurines de toute physionomie qui les composent, l'unité mystérieuse du sentiment qui les inspira.

En mentionnant la longue série de maux que l'observation a constaté être guéris par nos eaux, j'ai respecté les faits et la tradition; en cherchant, par l'analyse thérapeutique, lequel des trois éléments de l'agrégat hydrominéral est l'agent de la guérison, j'ai tenté de soustraire la pratique hydrominérale à l'aveuglement et aux mécomptes de l'empirisme.

Nos eaux étaient confondues dans leurs effets comme elles l'étaient dans leur nature. J'ai tenté par de patientes recherches d'apporter quelques lumières dans ce chaos.

Aujourd'hui, il est permis de dire que les eaux de la première famille, parfaitement innocentes, ne guérissent que par la *chaleur* et l'*eau* qu'elles cèdent au corps.

Que celles de la deuxième famille agissent profondément et qu'elles modifient, comme par une sorte de *spécificité*, plusieurs débilités *constitutionnelles ;*

Que celles de la troisième famille n'agissent qu'à la *surface.*

Si nous rapprochons ces faits de ceux que possède la pratique hydrothermale du monde entier, nous apercevrons qu'il n'est pas une seule station pouvant disposer d'une source chaude qui n'affirme guérir les rhumatisants, tandis que toutes les sources sulfureuses des Pyrénées revendiquent l'honneur de guérir à la fois les maladies de la peau, les maladies catarrhales et les affections strumeuses.

A Ax, dans l'ancien groupe sanitaire de la place du Breilh, il y avait une seule eau de la deuxième famille. La sagacité publique ne s'y était pas trompée. Elle avait appelé cette source la *Source aux yeux*, parce qu'elle était la seule qui agît *constitutionnellement* et de manière à guérir cette diathèse écrouelleuse dont l'ophthalmie chronique est le symptôme le plus constant.

Ainsi, il est démontré par les faits, autant que chose peut l'être, que nos sources agissent :

Par l'eau ;

Par la chaleur ;

Par le soufre.

Décrire avec le soin convenable quelle est l'action de chacun de ces éléments, est un travail qui ne peut

trouver sa place que dans une œuvre d'ensemble dont
mon esprit caresse depuis longtemps le projet ; mais
il ne sera pas superflu de présenter ici quelques considérations sommaires sur ce sujet.

Eau. — La vapeur d'eau est nécessaire à la respiration, et celle-ci s'accélère en raison directe des vapeurs que les poumons doivent éliminer. Les poissons
vivent dans l'air, tant que leurs branchies sont humides ; la respiration des insectes s'accomplit par des
trachées humides aussi, et les plantes elles-mêmes pé-
rissent, quand on les place dans un milieu parfaitement sec.

D'une autre part, les recherches de Lecanu ont
constaté que le sang veineux contient plus d'eau que
le sang artériel, et il est très certain que la respiration
élimine une partie de l'eau contenue dans le sang.
Quand l'atmosphère est suffisamment refroidie, ces
vapeurs se condensent à leur sortie des poumons, et
l'œil les distingue parfaitement.

L'eau donc est un stimulant particulier de la respiration. Quand Magendie injectait de l'eau dans le système vasculaire, même à doses modérées, les batte-

ments du cœur et la respiration étaient d'abord accé-
lérés. La respiration devient aussi très précipitée chez
les malades dont la diurèse est soudainement suspen-
due et qui succombent à l'anurie.

Pendant les exercices violents, quand le sang doit
éprouver une hématose fréquente et soutenue, le sentiment le plus impérieux que nous éprouvions est celui de la soif.

Ainsi, à l'instar de nos machines modernes, les
poumons éliminent de la vapeur et fonctionnent d'autant mieux qu'ils en reçoivent davantage. Lors même
que l'observation directe ne mettrait pas ce fait en lumière, l'observation indirecte démontrerait sa vérité.

Chaleur. — Mais quand l'eau est chargée de chaleur et qu'elle applique celle-ci sur les surfaces internes
ou externes, la chaleur devient à son tour un stimulant dont les poumons subissent la première influence.

La chaleur accélère les battements du cœur; le
froid les ralentit. Quand il fait froid, l'absorption de
l'oxygène est moindre que quand il fait chaud, et les
malades atteints de cyanose sont plus souffrants pendant l'hiver que pendant l'été.

La menstruation, qui est en quelque sorte le trop plein de l'hématose, donne la mesure de ce que peut la température sur le jeu des poumons : Au pôle boréal, chez les Lapons, les Samoiëdes, les Groënlandais, les Esquimaux, les femmes sont très peu réglées ; dans le nord de notre zone tempérée elles perdent environ trois onces de sang ; cinq, dans le milieu ; douze, dans le midi ; et vingt, entre les tropiques.

Ainsi le calorique appliqué avec l'eau devient un stimulant nouveau des poumons.

Soufre. — Il est permis de croire, faisant d'ailleurs toutes réserves sur l'action spécifique dont le soufre peut être doué, que ce médicament agit à la façon de la chaleur et de l'eau, c'est-à-dire qu'il stimule les poumons et augmente l'amplitude de la respiration.

Il est certain que le sang contient du soufre qui, pendant les expériences relatives à sa recherche, s'oxygène et donne lieu à la formation d'acide sulfurique. Cependant les urines n'en contiennent pas ; il est donc probable que ce soufre est éliminé par un autre émonctoire que les reins.

D'une autre part Lebkuchner a observé que, lors-

22

qu'on plonge un animal entier jusqu'à la tête, dans de l'hydrogène sulfuré, on retrouve ce gaz dans le tissu cellulaire sous-cutané et même dans le sang où il a pénétré par voie d'absorption ; ainsi le principe sulfureux doit être absorbé par les malades qui sont soumis au traitement par les bains, les boissons ou les vapeurs, et cependant je n'ai jamais pu constater dans leurs urines la présence de ce principe (1).

Les expériences de M. Robin ont établi que l'albumine est un élément combustible destiné à entretenir le jeu des poumons. Or l'albumine dégage de l'hydrogène sulfuré en se coagulant ; elle contient donc du soufre et elle doit le rendre au monde quand elle est brûlée dans les poumons.

Il est permis de supposer assez légitimement que les poumons sont l'émonctoire du soufre, comme ils le sont probablement du chlore, du brôme, de l'iode, des huiles essentielles et des corps gras ; c'est maintenant une loi assez généralement posée par l'ensemble de nos connaissances que les substances combustibles,

(1) M. Rigolot d'Alleward a retrouvé cependant du soufre dans les urines après l'administration des eaux sulfureuses à ses malades dans l'établissement thermal qu'il dirige.

dont l'économie est imprégnée, se dirigent vers les poumons, et les substances comburées vers les reins. Bien avant les aperçus théoriques dus à ces dernières années, la pratique médicale, dans le traitement des cachexies, quand il fallait donner de l'amplitude à la respiration et de la richesse à l'hématose, n'avait trouvé d'autres remèdes que le sulfure de potassium, le soufre doré d'antimoine, l'iodure de soufre, l'iode pur ou combiné à des métaux, le brôme et ses composés, les chlorures d'or, de mercure, de baryum, les balsamiques, le goudron et les huiles. Il faut convenir que si ces remèdes n'étaient pas destinés à être éliminés par les poumons, en grande partie, comme tels à exiger d'eux un plus grand exercice et à y appeler plus de vitalité, on ne comprendrait guère leur action dans le traitement de certaines maladies chroniques des voies respiratoires.

A la façon de l'iode, les eaux sulfureuses, même quand elles ne dérangent pas la digestion, diminuent l'embonpoint, et cet effet ne peut guère être expliqué qu'en supposant l'absorption des matières grasses intra-cellulaires pour subvenir à l'entretien du nouvel exer-cice imposé aux poumons ; la prétendue action altérante de ces substances et de l'iode en particulier est un effet secondaire et de synergie.

Sels. — Enfin, il n'est pas jusqu'aux sels que les eaux minérales tiennent, en même temps que le soufre, à l'état de dissolution, qui n'augmentent à leur tour la richesse et la plasticité du sang.

Au dire de Stewens, du sang très pauvre et très noir, appartenant à des sujets qui avaient succombé aux atteintes de la fièvre jaune, redevenait vermeil par l'addition d'un sel neutre.

Les eaux minérales ferrugineuses, qui contiennent à peine des atômes de fer, associés à différents sels, guérissent mieux la chlorose que les préparations pharmaceutiques où le fer est seul, quoique plus abondant. Ce besoin de sels est même si patent dans cet état maladif, qu'il se traduit presque toujours sous forme d'instincts irrésistibles.

Enfin, les Bluters dont le sang est à ce point dilué, que la moindre piqûre détermine chez eux une hémorrhagie grave, voient cette disposition disparaître par l'administration de certains sels, et particulièrement de sels neutres de soude.

Ces considérations suffisent à poser assez nettement les indications et les contre-indications principales de l'emploi de nos eaux.

Abstraction faite de toute forme morbide et en thèse, l'*acuité* ne saurait s'accommoder de sources qui exaltent la vie.

La *chronicité*, au contraire, éprouve des bienfaits signalés de cette action tonique et reconstitutive de nos sources.

Si l'on réfléchit au nombre considérable de faits physiologiques qui se rattachent au jeu des poumons, et que des recherches récentes ont mis en lumières, on comprendra aisément comment les eaux minérales sulfureuses peuvent, à la faveur de leur action en quelque sorte respiratoire, imprimer aux rouages de la machine humaine de salutaires impulsions.

A cette exagération de l'hématose, au besoin qu'éprouve le poumon de brûler davantage, vient correspondre d'abord l'activité du foie qui lui sécrète du sucre, dans la mesure de ce nouveau besoin. Ce même organe crée aussi plus de bile destinée à émulsionner dans les intestins les substances grasses dont l'absorption est devenue indispensable.

Les intestins fonctionnent mieux et prennent aux matières qu'on leur donne tous les principes alibiles.

Les reins éliminent l'eau surabondante et les substances brûlées.

Les fonctions de la peau sont activées au profit des muqueuses frappées de maladies, des muscles endoloris ou des articulations rhumatisées.

Celles de l'utérus sont réveillées.

La vie se ranime quand on a soufflé sur son foyer; des fonctions abolies, quelquefois depuis longtemps, viennent donner au corps une jeunesse factice. Il n'est pas rare que les règles reviennent après une interruption de plusieurs années; le vieillard se surprend avec les rêves ou les désirs de l'âge d'or; l'adolescent et la jeune fille avec des aspirations inconnues, et les eaux minérales n'ont pas en vain la réputation d'être le Léthé de bien des veuvages.

Ainsi les eaux minérales sulfureuses ne sont pas seulement *excitantes*, comme on l'a dit, mais, par le mode intime dont elles opèrent, elles sont véritablement *reconstitutives* ou *sthéniques*.

Si l'on n'admettait ce double mode d'action, on comprend que l'effet *immédiat* de leur application et l'effet *éloigné*, si réel, si constant, et signalé par tous les auteurs, resteraient, dans leurs différences, inexpliqués. Cet effet éloigné est le principal et le plus recherché. Après le coup de fouet passager de leur début, les eaux sulfureuses continuent pendant long-temps leur action, et c'est là le motif pour lequel elles conviennent dans tous les états dont la faiblesse cons-titue le principal caractère, si d'ailleurs le médecin les considère moins comme un remède auquel on doit confier entièrement le soin de la guérison que comme un médicament qui, dans maints cas, par son mode général et continu et par l'agrément même de son administration, est le plus propre à amener dans la chronicité des révolutions inattendues.

L'expérience qui vient de contrôler l'observation, va maintenant lui servir de guide et la conduire dans des voies nouvelles, elle va élargir le cercle de nos aïeux et tracer à l'action des eaux sulfureuses d'Ax des limites plus reculées.

Si le mode intime d'action des eaux d'Ax est celui que j'ai dit, n'est-il pas certain que leur pouvoir sthé-nique s'appliquera heureusement au traitement de

La chlorose et de l'anémie ;

Aux pertes purulentes exagérées ;

Aux convalescences ;

A la cachexie paludéenne ;

A la cachexie syphilitique ;

Au lymphatisme des enfants ?

L'observation a déjà répondu d'une manière affir-
mative. Les registres de MM. Astrié, Rigal et les
miens sont pleins de récits où le fait vient confirmer
l'aperçu de l'esprit. Nous n'entendons pas dire que le
soufre puisse dispenser de l'emploi du fer dans le traitement de la chlorose ; de celui du mercure dans le
traitement de la syphilis ; du quinquina, dans celui
des fièvres périodiques ; mais il est constant qu'il place
le sujet épuisé dans de meilleures conditions pour que
les spécifiques puissent agir. Si l'on veut me per-
mettre une comparaison grossière, c'est un engrais
jeté sur un terrain ingrat ; il ne dispense pas de se-
mences, mais il prépare de belles moissons.

Les eaux d'Ax de la deuxième famille sont surtout
admirables d'effets dans le traitement du *lymphatisme des enfants*, cet état constitutionnel qui est le
prodrome de tant d'orages. Il est de notoriété publique
que nos eaux donnent, le plus souvent, aux enfants

débiles assez de forces pour que toutes les évolutions
du jeune âge puissent s'opérer sans malheur.

Je n'en dirai pas davantage sur les qualités médicales des Eaux d'Ax.

J'ai cru poser des principes exacts. Leur application
présente bien des difficultés ; la nature n'offre jamais
les choses dans l'état de simplicité : il est des cas où
un malade est porteur de deux ou de plusieurs affections dont les indications se combattent. Il s'agit moins
d'ouvrir la voile au vent, et de s'abandonner à la conduite du hasard, que de louvoyer habilement et sans
naufrage au milieu de ces écueils ; il est d'une sage
pratique de composer avec un ennemi que l'on ne peut
vaincre. Il faudra donc tenir compte, dans le traitement, de la nature du mal, de son cortége patholo-
gique, du tempérament du malade, de son âge, de
son sexe, de l'effet produit déjà, de la température, du
génie épidémique du lieu, etc., toutes circonstances
qui font dévier singulièrement l'action du remède.
Plus un instrument a de destinations, plus il est difficile de bien le manier, et quelque sincères que soient
les détails que j'ai donnés, les malades qui croiront y

23

trouver la formule absolue de l'art commettront cette erreur aux dépens de leur santé.

Après avoir décrit les caractères à l'aide desquels on reconnaît un remède, son action physiologique et médicale, il est d'usage, pour compléter son histoire, de dire comment on l'administre, et à quelles doses.

§ III. — Modes d'administration.

Aussi, après avoir raconté les qualités physiques et chimiques de nos sources et parlé de leur action thérapeutique, terminerai-je en disant quelques mots des procédés employés à Ax pour leur administration.

On prescrit les eaux d'Ax sous forme de :

Bains.

Douches.

Étuves.

Boissons.

Les *bains* sont généraux ou locaux, à température variable, les deux robinets, — le chaud et le froid, — étant libres et laissés à portée de la main du malade. Le médecin prescrit la température à laquelle le bain doit être pris. La chaleur du bain joue un grand rôle dans le traitement, et le même bain produit, selon sa température, des effets opposés.

La durée du bain est moyennement de trois quarts d'heure, le médecin la modifie très souvent quand il reconnaît l'utilité des bains prolongés, des immersions dans un bain chaud, ou des bains frais.

Les malades prennent leurs bains dans des baignoires ; il n'y a pas, à Ax, de piscine, circonstance d'autant plus regrettable que l'abondance des eaux permettrait d'en établir à peu de frais.

Les *douches* sont, dans les trois établissements, *ascendantes* ou *descendantes*, *chaudes* ou *froides écossaises*, à *colonne* plus ou moins épaisse, ou en *arrosoir*.

Elles ont une chute moyenne de huit pieds.

Leur durée ordinaire est de demi-heure, leur température est de 45 degrés centigrades. Le médecin modifie la nature de la douche, sa durée et sa température suivant les espèces.

En général l'appareil à douches est incomplet, la pose du malade incommode, les cabinets sans *comfort*, et cependant nos douches sont très recherchées et elles produisent de remarquables guérisons, parce que, seules peut-être parmi celles des grands établissements des Pyrénées, elles ont toutes les qualités requises pour que ce mode sanitaire produise des effets assurés, à savoir : l'abondance, la chute et la chaleur.

Les *étuves* reçoivent des vapeurs sulfureuses à 73, 67 et 63 degrés centigrades. Elles sont *générales* ou *locales*.

Le malade prend l'étuve générale en se plaçant dans un cube creux en bois divisé par un plan médian qui sert de siége. La source passe à la partie inférieure de ce cube ; la tête du malade est extérieure à cet appareil.

Quant à l'étuve locale, le malade la prend en plongeant une jambe ou un bras dans un cylindre en maçonnerie, à la partie inférieure duquel la source vient bouillonner.

L'étuve est un moyen souvent héroïque, mais qui mérite d'être surveillé de près.

Il n'est guère possible de prolonger la durée de l'étuve générale au delà de 10 à 12 minutes ; l'étuve

locale peut l'être bien davantage et suivant le degré
de sensibilité de la partie que l'on soumet à l'action
des vapeurs.

Les *boissons* sont prescrites à des doses bien différentes suivant leur nature, l'individualité du sujet et le
caractère de sa maladie.

On peut, sans inconvénients, prendre les eaux de
la première famille à la dose de huit verres par jour.

Quatre suffisent le plus souvent quand on prescrit
celles de la deuxième famille.

Celles de la troisième famille ne sont pas employées
en boissons, parce qu'elles ont une trop haute thermalité.

Les boissons sont employées *seules* ou *associées* à
divers sirops ou même coupées avec du lait. Généralement il est mieux de les employer seules.

Les eaux ne sont pas une panacée, un remède dont
la spécificité convienne à tous maux ; il est des maladies qu'elles n'aident à guérir qu'à la condition d'être
secondées elles-mêmes par des remèdes appropriés. Il
n'est donc pas utile, pendant la cure thermale, de suspendre l'emploi des médications spécifiques de la chlo-

rose, de la syphilis, des maladies périodiques, etc. Il est
essentiel, au contraire, de les entreprendre si elles ne
sont déjà commencées. La guérison s'opère mieux et
plus vite ; une pratique opposée est pleine de déceptions.
Si donc je recommande plus haut de ne pas mélanger
les eaux sulfureuses avec des substances médicamen-
teuses, ce n'est pas que j'improuve l'usage de celles-
ci, mais il faut prendre les eaux d'une part et les
remèdes de l'autre, sans opérer, au préalable, un
mélange qui exige du temps et favorise l'évaporation
du principe sulfureux.

CHAPITRE V.

RÈGLEMENTS ET ADMINISTRATION.

Les Eaux minérales de France sont réglementées
par une législation confuse et surannée qui donne des
droits et assigne des devoirs :

A l'Etat ;

Aux préfets ;

Aux maires ;

Aux inspecteurs des établissements sanitaires ;

Aux propriétaires, régisseurs ou fermiers des mêmes établissements ;

Aux employés du service sanitaire ;

Aux indigents qui fréquentent les stations minérales ;

Aux étrangers qui vont y subir un traitement.

Les droits et devoirs de l'État, des préfets, des maires, sont généraux et absolus ; ceux des inspecteurs, propriétaires, régisseurs, fermiers, employés, indigents, étrangers, sont modifiés par des circonstances locales.

L'esprit de la loi est interprété et appliqué à la localité par des *règlements* qui deviennent eux-mêmes la loi de chaque station.

Comme la législation est vicieuse, il s'ensuit que partout les règlements ne le sont guère moins. Dans plusieurs stations minérales, les règlements manquent ou sont réduits à l'état de lettre morte ; les intéressés eux-mêmes ne les connaissent souvent pas.

En attendant la réforme de cette législation, sur laquelle j'ai appelé, dans un autre travail (1), l'attention

(1) *Des Eaux minérales dans leurs rapports avec l'économie publique, la médec. et la législat.* In-8, Paris, 1852. Victor Masson.

du gouvernement, et dont j'ai démontré les défectuo-
sités, nous vivons à Ax, comme on le fait presque partout, sous le règne de l'imprévu. Le règlement qui nous
régit est à la date du 1ᵉʳ septembre 1819. En voici le texte :

Règlement. — Art. 1. L'inspecteur des Eaux
tiendra un registre exact de l'arrivée des malades qui
se présenteront, et de la nature de leurs maladies.

Il réglera le rang de chacun pour se baigner ou
recevoir les douches, de manière que les premiers
inscrits sur son tableau soient les premiers à se baigner ; il délivrera, en conséquence, une carte à chaque
malade, portant son nom, l'heure à laquelle il doit se
baigner, et le numéro du cabinet qu'il devra occuper.

Il est sévèrement défendu aux baigneurs et baigneuses de fournir des bains à d'autres personnes qu'à
celles qui présenteront les cartes ci-dessus, revêtues de
la signature de l'inspecteur.

Art. 2. Les propriétaires des bains d'Ax tiendront
un registre où seront inscrits, jour par jour, avec leurs
noms, prénoms et domiciles, toutes les personnes qui
se présenteront aux Eaux, soit pour s'y baigner, soit
pour y prendre des douches. Les officiers de police et

l'inspecteur des Eaux auront le droit de se faire repré-
senter ce registre lorsqu'ils le jugeront nécessaire.

ART. 3. La durée des bains est fixée à une heure, et
celle des douches à une demi-heure, en y comprenant
le temps pour se déshabiller et s'habiller.

Si le porteur d'une carte ne se trouve pas à l'heure
qui lui est assignée, le temps qu'il laissera perdre lui
sera également compté, et il sera tenu de sortir du bain
à l'heure précisée.

ART. 4. Tout malade qui manquera son bain sera
tenu de le payer s'il n'a prévenu dès la veille le propriétaire ou son commis.

S'il passe trois jours sans se présenter à l'établissement, il perdra son rang, et sera tenu de se faire assi-
gner une autre heure par l'inspecteur.

ART. 5. Les malades ne pourront changer de bains
et l'heure de le prendre, sans l'approbation de l'inspecteur.

ART. 6. Sous aucun prétexte, les personnes de sexe
différent ne pourront se baigner ensemble, et elles ne
seront servies que par des baigneurs de leur sexe.

ART. 7. Chaque établissement thermal aura une
pendule pour régler l'administration des bains.

24

ART. 8. Un tableau portant les noms des malades, le numéro et l'heure de leurs bains, sera placé dans le lieu le plus apparent de l'établissement, pour que chacun puisse avoir connaissance des heures vacantes.

ART. 9. Les baigneurs ou baigneuses seront tenus d'avoir les plus grands égards et de donner tous les soins aux indigents qui, ayant rempli les formalités prescrites, doivent obtenir les bains gratuitement, sans qu'ils puissent en exiger aucune rétribution. L'inspecteur des Eaux y veillera avec la plus scrupuleuse attention.

ART. 10. L'inspecteur surveillera aussi toutes les parties du service public, le maintien de l'ordre, de la propreté et de la salubrité dans tous les établissements thermaux.

ART. 11. Le propriétaire des bains qui aura à se plaindre d'un baigneur ou d'une baigneuse, transmettra sa plainte aux officiers de police et à l'inspecteur, qui seront tenus de faire droit en prononçant renvoi s'il y a lieu.

ART. 12. Le propriétaire ou le fermier des bains ne pourra exiger que le prix d'un bain lorsqu'une mère, un père, un domestique ou telle autre personne seraient obligés de recevoir, dans la même baignoire, un enfant dont l'âge ne dépasserait pas sept ou huit ans, lequel refuserait de se baigner seul.

ART. 13. La police des bains appartient spécialement au maire d'Ax. Toute insulte, tout attentat contre les personnes et les mœurs, lui seront dénoncés soit par l'inspecteur, le propriétaire ou fermier des bains et les baigneurs. Il est tenu de faire punir les délinquants conformément au Code pénal et à celui des délits et des peines.

ART. 14. Il sera pourvu à tous les cas non prévus dans le présent règlement de la manière la plus conforme à l'intérêt des malades, aux soins que l'on doit à l'humanité souffrante et spécialement aux militaires qui sont envoyés pour faire usage des bains et douches.

ART. 15. Le présent arrêté sera affiché dans chaque établissement, au lieu le plus apparent, afin que tous ceux qui le fréquentent puissent en prendre connaissance.

ART. 16. Le maire d'Ax, son adjoint, le médecin inspecteur de cette ville et le propriétaire desdits bains sont chargés, chacun en ce qui le concerne, de l'exécution du présent règlement.

Ce règlement, antérieur à l'ordonnance royale du
18 juin 1823, est vieilli, tombé en désuétude et peu
connu. Nous sommes gouvernés par des *coutumes*.
Les voici exposées sous les rubriques des diverses personnes qu'elles intéressent.

Inspecteurs. — Quand une station d'eaux minérale est déclarée d'*utilité publique* par le ministre
compétent, les propriétaires acquièrent le droit de l'exploiter, sous la surveillance et le contrôle du gouvernement. Le gouvernement place auprès d'elle un agent
qui portait autrefois le nom d'intendant et qui, depuis
1794, a pris celui d'inspecteur. Avant 1789, toute
source était implicitement reconnue d'utilité publique
par le fait seul de la nomination d'un intendant que
faisait le premier médecin du roi.

A cette époque le Couloubret, pourvu d'un intendant était un établissement reconnu d'utilité publique.

Le Teich fut reconnu d'utilité publique en l'an XII,
après l'analyse que M. Dispan fit de ses eaux.

Le Breilh fut reconnu d'utilité publique le 5 mai
1821, après les analyses de M. Magne.

Les trois établissements d'Ax sont donc placés,

chacun, sous la surveillance du gouvernement ; ils le sont, tous les trois ensemble, sous celle de l'inspecteur en vertu de l'article 3 de l'ordonnance royale du 18 juin 1823.

Les fonctions de l'inspecteur sont de deux sortes : les unes *obligatoires*, les autres *volontaires*.

Les fonctions obligatoires consistent à veiller à la conservation des sources, à la régularité du service, à la répression des abus commis par les agents subalternes ; à choisir et nommer le personnel du service ; à distribuer avec équité les heures des bains ; prendre toutes mesures pour assurer la police des établissements ; tenir note des arrivants, des partants, de la durée moyenne de leur séjour, du nombre de bains pris, de l'argent laissé dans le pays, et, en général, rassembler tous documents relatifs à la statistique ; proposer toutes mesures d'utilité publique ; diriger gratuitement les indigents nantis de certificats en règle dans la pratique des bains, leur donner tous conseils nécessaires à cet égard ; enfin faire un rapport annuel économique et médical qui fournisse au gouvernement des matériaux comparables et à l'Académie de médecine des observations qui fassent progresser la science.

Les fonctions volontaires sont celles que remplit l'inspecteur vis-à-vis de ceux qui, n'ayant pas droit à la gratuité de ses conseils, les réclament cependant et s'abandonnent pour leur traitement à la direction de son expérience.

A Ax, l'inspecteur a des heures particulières pour l'accomplissement de chacun de ses devoirs.

Le service de l'hôpital, pour les soins dûs à l'indigence, est fait tous les matins de sept heures à huit heures. Les docteurs en médecine présents à Ax, pour cause de santé, sont, sur leur demande, admis à suivre les visites.

L'inspecteur visite de huit heures à dix les malades qu'il a en ville et qui nécessitent des soins à domicile.

Il donne ses consultations publiques tous les jours de une à quatre heures de l'après-midi.

Il parcourt, tous les soirs, de quatre à cinq heures, les trois établissements, afin de s'assurer, par lui-même, de tous les détails du service.

Propriétaires. — Aux termes de l'article 9 de l'arrêté du gouvernement du 3 floréal an VIII, les établissements d'eaux minérales sont de trois classes.

Ceux d'Ax sont de première classe. Les propriétaires sont donc tenus de payer à l'inspecteur le *maximum* de l'allocation prévue par la loi, c'est-à-dire mille francs.

D'après les dispositions d'une circulaire ministérielle du 5 mars 1829, n° 10, cette somme doit être versée directement entre les mains des percepteurs des contributions directes sous forme d'impositions ordinaires.

La répartition, entre M. Sicre et mademoiselle Rivière, de l'allocation due à l'inspecteur a, dans le temps, donné lieu à bien des difficultés. La quote-part de M. Sicre fut fixée à 100 francs par arrêté préfectoral, en date du 2 mai 1821, et, plus tard, à 200 francs par deux nouveaux arrêtés aux dates des 30 octobre 1822 et 17 janvier 1824.

L'arrêté du 7 vendémiaire an XII, qui fixait à 1,000 francs le traitement annuel de l'inspecteur, fut alors confirmé.

Chacun des propriétaires exploitait séparément; il existait entre eux des rivalités qui rendaient difficiles les fonctions de l'inspecteur, le service irrégulier, la santé publique compromise, et qui mettaient les

hommes bien intentionnés dans l'impossibilité de recueillir assez de documents pour faire l'histoire complète des eaux de ce pays. La nymphe était tenue sous
clef. Aujourd'hui toutes ces difficultés ont cessé;
M. Sicre et mademoiselle Rivière exploitent en commun, et partagent, à la fin de la saison, le produit des
bains, douches, étuves et boissons dans des proportions définies. La comptabilité est confiée à un régisseur.
L'action de ce dernier sur le service est très utile.

L'article 10 de l'ordonnance royale du 18 juin 1823
laisse aux propriétaires des sources le droit de fixer
eux-mêmes le prix de leurs bains. Les préfets donnent
à ces tarifs un caractère authentique en les autorisant
par un arrêté. Les propriétaires des bains d'Ax, usant
du droit que leur laisse la loi, ont fixé les prix de leurs
bains, douches, étuves et boissons ainsi qu'il suit :

Bains Viguerie	»	90
— de la Gourguette, Sériès, Pilhes, Forts,		
Rigal, Astrié, Boulié, Fontan	»	75
Douches	»	75
Étuves.	»	75
Boissons, par litre	»	15
— par abonnement, pendant la saison,		
pour les baigneurs	1	25

Boissons, par abonnement, pendant la saison,
pour ceux qui ne prennent pas de
bains.   3   »

Divers arrêtés préfectoraux ont approuvé ces prix.
Le service des bains, des douches et des étuves est à
la charge des propriétaires des bains, sauf cependant
la fourniture du linge qui reste à la charge du malade.

Il est dérogé aux prix ci-dessus.

1° En faveur des indigents, conformément au texte
de l'article 4 de l'arrêté du gouvernement du 23 vendémiaire an VI, ainsi qu'il sera expliqué sous la rubrique
Indigents ;

2° En faveur des *nécessiteux* et des *domestiques*.

Les domestiques des deux sexes ne paient que demi-
bain ; les nécessiteux, dont la position se rapproche
plus ou moins de l'indigence, obtiennent ordinairement, de la part des propriétaires des bains, une réduction. Le prix des bains, douches et étuves, devient
pour eux de 50, 40, 25, 15 centimes, suivant l'état
de leur fortune. Cette réduction est faite, par les propriétaires, volontairement et par humanité, et je dois
dire à leur louange qu'ils pratiquent ce devoir avec

25

une libéralité parfaite. Tous les ans, quatre cents malades environ profitent de cette générosité.

Sous le rapport de l'administration, les propriétaires des établissements thermaux n'ont pas de droit à la direction de leur industrie ; mais à Ax, les propriétaires et l'inspecteur vivent en bonne entente : les propriétaires se prêtent à l'exécution des mesures projetées ou prises par l'inspecteur pour le bien du service, et leur utile concours rend plus facile à l'inspecteur l'accomplissement de ses devoirs.

Employés. — Les employés, dans les établissements sanitaires appartenant à des particuliers, sont nommés par l'inspecteur, en vertu de l'article 1er de l'arrêté du 29 floréal an VII, et révoqués par l'inspecteur en vertu de l'article 9 de l'ordonnance royale du 18 juin 1823.

La législation sur les Eaux minérales ne contient pas de dispositions particulières relatives à leurs devoirs. Il devait en être ainsi : ces fonctionnaires sont placés sous la dépendance absolue de l'inspecteur pour exécuter tels ordres que celui-ci prescrit dans l'intérêt public.

A Ax, les employés des divers établissements n'ont

d'autres devoirs à remplir que ceux de politesse vis-à-
vis des étrangers, de propreté dans la tenue de leurs
sections respectives, et l'exécution fidèle des prescriptions de l'inspecteur en ce qui concerne la durée,
le volume, la température des douches, étuves ou
bains.

Il y a au Couloubret :

Baigneurs mâles	2
Baigneuses.	2
Commis	1
Porteurs	2
Total	7 . . . 7 employés.

Il y a au Teich :

Baigneurs mâles	3
Baigneuses.	3
Commis	1
Porteurs	2
Total	9 . . . 9 —

Il y a au Breilh :

Baigneurs mâles	2
Baigneuse	1
Commis	1
Porteurs	2
Total	6 . . . 6 —

Total pour les trois établissements . . . 22 employés

Les employés sont rémunérés de la manière suivante.

Les commis reçoivent un traitement qui varie d'année à année.

Les porteurs de chaises reçoivent 50 centimes pour chaque voyage d'*aller* et *retour*, et 30 centimes pour l'*aller* ou le *retour* seulement. Ils ne sont tenus d'aller prendre le malade qu'au rez-de-chaussée de la maison qu'il habite et de le rapporter au même lieu.

Les garçons et filles de bains reçoivent 7 centimes et demi par bain des mains des propriétaires. A la fin de la saison thermale, on multiplie le nombre de bains, douches ou étuves donnés par $7^{cent.},5$, et le produit représente la part des garçons et filles de bains. Ce produit leur est distribué dans la proportion d'un treizième pour chacun d'eux.

La fourniture du charbon, pour le chauffage du linge, est à la charge des garçons et filles de bains; aussi la rétribution fixe qu'ils reçoivent des propriétaires est-elle insuffisante. Ils perçoivent, à titre supplémentaire, les étrennes que les étrangers veulent bien leur donner, et il est juste que chaque malade reconnaisse les soins qu'il a reçus des garçons ou filles de bains, et récompense ceux-ci dans la mesure de sa fortune et de la durée de son séjour.

Étrangers. — Les *étrangers qui ne sont pas malades,* qui viennent en touristes, doivent seulement déclarer leurs noms, prénoms au propriétaire de la maison ou de l'hôtel dont ils ont fait choix pour leur domicile.

D'une autre part, les particuliers qui louent des appartements ou chambres meublées à Ax, sont tenus d'inscrire sur un registre les noms des étrangers qu'ils reçoivent, et d'en faire la déclaration à M. le maire, chargé de faire tenir un registre semblable à la mairie. Cette obligation résulte d'un arrêté préfectoral, à la date du 22 juillet 1816.

Les étrangers malades, à part le devoir ci-dessus mentionné, doivent encore se présenter à l'inspecteur à l'heure de ses réceptions, pour se faire inscrire sur ses registres, et prendre ses ordres pour l'heure du bain. L'inspecteur remet à chaque étranger une carte qui mentionne l'établissement où celui-ci a entrée, le bain, douche, étuve ou boisson qu'il doit y prendre, et, au besoin, l'heure à laquelle il doit s'y rendre. Nul

n'est admis dans nos établissements sans l'accomplissement préalable de cette formalité.

Elle n'impose pas au malade l'obligation de faire à
l'inspecteur la confidence de ses maux. C'est une dé-
marche nécessitée seulement par le vœu de la loi et
pour le maintien de l'ordre public.

A la vérité, de nombreux malades profitent de ces
premiers rapports avec l'inspecteur qui manie constamment les sources, et possède le secret de leurs modes
d'applications et de leurs vertus, pour se placer avec
confiance sous sa direction, dans l'intérêt même de leur
santé ; mais ces relations des malades avec l'inspecteur
ne sont pas obligatoires, je le répète, et les malades
peuvent, en toute liberté, se faire traiter par des médecins de leur choix, ou même se conduire d'après leurs
seules inspirations.

Indigents. — D'après les termes de l'article 4 de
l'arrêté du gouvernement du **23** vendémiaire an IV, les
militaires et les indigents, nantis de certificats convenables, ont droit à la gratuité des bains.

D'après l'article **10** de l'arrêté du gouvernement du
3 floréal an VIII, et l'article **11** de l'ordonnance royale

du 18 juin 1823, les indigents et les militaires ont aussi droit à la gratuité des soins de l'inspecteur.

Ainsi, conformément au texte de la loi, les indigents dirigés sur les établissements sanitaires d'Ax obtiennent à la fois la gratuité des bains et la gratuité des soins médicaux.

La loi ne stipule rien quant à la gratuité du service. Elle n'a pas pu entendre que le service fût fait sans récompense, que le linge fût chauffé ou fourni par les garçons ou filles de bains, pauvres aussi. Ce serait un impôt au profit de l'indigence prélevé sur l'indigence elle-même.

En principe donc, bien que les indigents obtiennent à Ax la gratuité des bains, ils paient cependant 15 centimes par bain, douche ou étuve, pour le service. Il est fait à ce principe de fréquentes dérogations suivant le degré d'indigence, dérogations qui sont d'*accident*, et, de plus, les deux suivantes qui sont *de règle*.

Les indigents admis à l'hôpital paient aux propriétaires 7 centimes 1/2 par bain, et les militaires, également hospitalisés, 10 centimes.

Voici la cause de cette exception :

L'hospice d'Ax s'était engagé dans des constructions

qui n'étaient pas en rapport avec ses ressources pécu-
niaires ; le département dut venir à son secours, et,
le 3 août 1833, le Conseil général alloua à l'hospice
d'Ax une somme de 16,000 fr. En compensation,
l'hospice d'Ax dut accepter l'obligation qui lui en fut
faite par le département de l'Ariége de recevoir annuellement, pendant la saison des bains, cinquante
pauvres envoyés par le préfet, et de leur fournir le
logement, la nourriture, les eaux, les bains et les médicaments, moyennant une rétribution journalière de
75 centimes pour chacun d'eux.

En 1839, le prix de journée des indigents envoyés
par le préfet à l'hospice d'Ax fut élevé par le Conseil
général à 90 centimes.

Ce taux est actuellement en vigueur.

Les militaires paient 1 fr. 20 cent.

En cet état de choses, les propriétaires des bains
d'Ax, reconnaissant qu'ils devaient, de leur côté, venir
au secours de l'hospice d'Ax, afin de ne pas diminuer
à son détriment un prix de journée déjà insuffisant, et
imposer à son budget de nouveaux sacrifices, résolu-
rent, volontairement et spontanément, de faire à l'hospice d'Ax la faveur de ne réclamer que 7 centimes 1/2

par bain de chacun de ses pensionnaires, et 10 centimes par bain de chaque militaire.

A Ax, comme dans toutes les stations minérales, la constatation de l'indigence donnait lieu à de nombreuses difficultés, parce que bien des gens se disaient indigents, et qu'il n'y avait pas de caractère assuré auquel on pût reconnaître l'indigence vraie de l'indigence simulée.

Le 21 avril 1851, M. Piétri, alors préfet de l'Ariége, voulut bien, à ma prière, appliquant à l'espèce l'article 420 du Code d'instruction criminelle, prendre l'arrêté suivant :

« Art. 1ᵉʳ. Auront droit à la gratuité des bains dans les établissements d'eaux minérales du département de l'Ariége, déclarés d'utilité publique, les malades porteurs :

1° D'un extrait du rôle des contributions constatant qu'ils paient moins de 6 fr., ou d'un certificat du percepteur de leur commune, portant qu'ils ne sont pas imposés ;

2° D'un certificat d'indigence à eux délivré par le maire de la commune de leur domicile ou par son adjoint, visé par le sous-préfet et approuvé par le préfet

26

de leur département, constatant qu'ils sont chefs de
famille, ou que le chef de famille, à la charge de qui
ils vivent, est indigent comme eux;

3° D'un certificat de leur médecin, indiquant les
caractères de leurs maladies, et attestant que les eaux
dont ils sollicitent la gratuité sont nécessaires pour les
combattre.

Depuis que cet arrêté a été pris, toutes difficultés
dans l'interprétation du mot *indigence* ont cessé.

La loi n'est nulle part restrictive du droit accordé
aux indigents. Le choix de l'établissement thermal leur
appartient, et rien ne s'oppose à ce que les indigents
du département de la Haute-Garonne viennent se faire
traiter dans l'Ariége, quoiqu'ils aient dans leur département des eaux de même nature que les nôtres. Cependant la loi a voulu que l'indigent, arrivé auprès des
sources sanitaires, y vécût sans recourir à la mendicité,
c'est-à-dire que les frais de son séjour fussent supportés
par la commune à laquelle il appartient : c'est le texte
même de l'article 6 de l'arrêté du 29 floréal an VII.
L'État lui-même venait au secours des malheureux qui
se rendaient aux eaux minérales, et il leur était accordé
des frais de route; mais cette pratique cessa par l'effet

de circulaires du ministre de l'intérieur, aux dates des 17 avril et 10 août 1826 ; et les communes elles-mêmes, oublieuses de leurs devoirs, accordent très rarement une indemnité à ceux de leurs habitants qui, indigents et malades, veulent recourir à la vertu des sources sanitaires.

Il appartient à l'édilité locale de veiller à ce que les indigents n'arrivent pas dénantis de tous moyens d'existence, autant dans l'intérêt de leur santé que dans celui de la sûreté publique. Cette surveillance ne fut jamais faite à Ax avec rigueur ; M. le préfet de l'Ariége s'en plaignait déjà le 19 juillet 1827, et il a, l'année dernière encore, attiré l'attention du commissaire de police sur la facilité avec laquelle, à cause de cette tolérance, les mendiants se glissent, avec tout le cortége de leurs tristesses, parmi la joyeuse population qui visite les bains. Mais à quelque chose malheur est bon : les pauvres apportent partout où ils vont les bénédictions de Dieu ; n'étaient les indigents qui les ont fréquentées, les eaux d'Ax n'auraient pas leur grande renommée, et l'auteur de ce travail n'aurait pas rassemblé assez de documents pour écrire leur histoire.

Les indigents envoyés par les communes, ou qui

viennent d'eux-mêmes, se logent en ville à leurs frais.
Leur entretien est à leur charge.

Les indigents envoyés par le préfet sont logés à l'hôpital aux frais du département. Dans le but de subvenir
à cette dépense, le Conseil général de l'Ariége a l'habitude de voter tous les ans une allocation de 1,000 fr.

Les indigents des autres départements, dirigés sur
l'hospice d'Ax, y sont reçus moyennant 1 fr. 20 cent.
par jour, bains compris.

Le prix de journée est le même quand les indigents
sont envoyés à l'hospice d'Ax par des hôpitaux voisins ou éloignés, par les communes elles-mêmes, par
les bureaux de charité ou des institutions de bienfaisance. L'hospice d'Ax les reçoit toujours moyennant 1 fr. 20 cent. par jour de rétribution, mais les
propriétaires des bains ne sont tenus de les laisser se
baigner gratuitement que quand ils sont porteurs de
certificats en règle. La présence à l'hôpital est une
présomption d'indigence, mais n'est pas la preuve de
l'indigence.

Il n'y a rien d'absolu quant à l'époque de la saison
à laquelle les indigents doivent venir. La loi a laissé
aux médecins qui dirigent leur traitement toute lati-

tude à cet égard ; ils choisissent le moment qui leur paraît le plus opportun. Quand le choix est possible, il n'est pas mal, pour faciliter le service, d'envoyer les indigents au commencement ou à la fin de la saison.

Le 1ᵉʳ juin 1842, M. le préfet de l'Ariége écrivait une lettre circulaire insérée dans le Recueil des actes administratifs, 27ᵉ série, nᵒ 20, à l'effet d'engager MM. les maires du département à ne délivrer des certificats d'indigence qu'au commencement et à la fin de la saison thermale. Sans doute ; il n'est pas toujours possible de suivre de pareilles prescriptions, mais il faut reconnaître qu'elles sont inspirées par l'intérêt que l'administration porte aux indigents eux-mêmes, qui sont mieux soignés dans les établissements, mieux surveillés et mieux dirigés par l'inspecteur, quand l'affluence des baigneurs n'est pas considérable et que le service se fait sans encombrement.

Habitants d'Ax. — Les habitants d'Ax conservent le privilége :

1ᵒ De se baigner aux établissements du groupe Couloubret, moyennant 25 centimes par bain, douche ou étuve ;

2° De boire les eaux à ce même établissement gratis.

Ces faveurs furent réservées dans l'acte de bail à ferme du 21 février 1785, et maintenues dans l'acte de vente des bains et eaux thermales d'Ax, du 22 prairial an IV.

Dans l'application de leurs priviléges, les habitants d'Ax doivent se conformer aux lois, ordonnances ou décrets qui régissent la matière. Ils sont passibles, autant que les étrangers, des dispositions des règlements, et nulle exception n'est admise à cet égard, sauf celle relative au prix des bains et à la gratuité des boissons.

CHAPITRE VI.

DOCUMENTS STATISTIQUES.

La station thermale d'Ax a marché, depuis son origine jusqu'à nos jours, dans la voie d'un progrès continu.

Il est aisé de démontrer la vérité de cette assertion en examinant, à diverses époques prises pour jalonner le passé :

1° Le développement des établissements balnéaires et de leur matériel ;

2° Le nombre des malades qui les ont visités et leur qualité ;

3° Le nombre des bains donnés et leurs produits ;

4° Le nombre des étrangers sains ou malades, venus à Ax à l'occasion de la saison thermale ;

5° Le chiffre approximatif de l'argent laissé par les étrangers dans le pays.

Enfin il ne sera pas inutile de prendre à la statistique quelques chiffres tendant à nous donner le rapport des malades que les eaux guérissent à ceux qu'elles ne guérissent pas.

Établissements et Matériel. — Il est difficile de lever sûrement le voile qui couvre le passé des eaux d'Ax. L'histoire du comté de Foix, à la date de 609, en fait mention, et j'ai déjà dit qu'en l'an 1260, leurs vertus antipsoriques, déjà connues, les firent choisir pour le traitement des lépreux. Nul ne sait avec certitude le nombre d'étrangers qui les fréquentaient alors. Dès le commencement du xviii° siècle, elles devinrent plus pratiquées, et, pour la première fois, Sicre, en 1758, donna au récit de leurs qualités une tournure scientifique.

Dès l'an 1770, ces visites annuelles de malades prirent de telles dimensions, qu'elles éveillèrent l'attention de la communauté d'Ax, qui les considéra, à juste titre, comme pouvant devenir plus tard une cause de prospérité publique.

En 1780, la ville fit construire le Couloubret.

En 1788, il devint nécessaire d'adjoindre un nouvel établissement au précédent, et, le 5 octobre de cette même année, la ville d'Ax jeta les fondements de l'aile nord de l'établissement Montmorency.

En 1798, quelques malades allèrent se baigner à l'œil des sources découvertes dans le quartier du Teich.

En 1803, on construisit sur le griffon de ces sources des cabanes de planches pour y abriter les malades.

En 1804, ces mêmes sources du Teich appelaient déjà de nombreux baigneurs; l'analyse en fut ordonnée par le ministre de l'intérieur, et les nouveaux bains furent déclarés d'utilité publique.

En 1815, M. Sicre mit à découvert de nombreuses sources dans son jardin, les capta dans des réservoirs, et fit procéder à leur analyse le 25 septembre 1819.

En 1821, le 5 mai, l'établissement de M. Sicre fut déclaré d'utilité publique.

En 1834, les cabanes provisoires du Teich furent remplacées par un grand établissement.

La même année, on bâtit le Bain Fort (nouveau) du Couloubret, et M. Sicre, de son côté, ajouta huit cabinets à l'établissement le Breilh.

L'année suivante, l'établissement Viguerie fut créé et mis en exercice.

Le *matériel* subit la marche progressive des établissements sanitaires.

Dans les limites de l'an 1260 à l'an 1750, il n'y eut à Ax que le bassin des Ladres affecté aux usages balnéaires.

En 1750, on construisit trois baignoires en planches dans le quartier dit le Couloubret.

En 1780, après la construction du Couloubret, il existait dans le groupe sanitaire qui a conservé ce nom, 14 baignoires, 3 douches et 1 étuve.

En 1788, il y avait dans le même groupe, 16 baignoires, 3 douches, 1 étuve.

En 1803, le groupe Couloubret et le Teich contenaient ensemble, 26 baignoires, 10 douches, 2 étuves.

En 1820, le groupe Couloubret, le Teich et le Breilh possédaient, 64 baignoires, 10 douches, 2 étuves.

Enfin, de nos jours, le service sanitaire est assuré dans l'ensemble des établissements thermaux, par 105 baignoires, 12 douches et 5 cabinets à vapeurs.

Ce matériel fut d'abord provisoire et se ressentait de l'impromptu avec lequel il était confectionné. Chaque année amenait avec elle de nouvelles modifications, subordonnées autant au caprice des hommes qu'à celui des lieux. Mais enfin l'opinion publique, définitivement fixée sur la valeur des sources, imposait à leurs propriétaires l'obligation d'affecter à leur service un matériel en harmonie avec leur mérite. Aussi, bien que la législation en vigueur ne donne à l'autorité supérieure aucun droit à cet égard, M. le préfet de l'Ariége, mû sans doute par un sentiment d'utilité publique, prit, le 22 octobre 1819, un arrêté pour assujettir l'appareil sanitaire à des conditions déterminées.

Les propriétaires des établissements rivalisèrent de zèle pour offrir aux étrangers une hospitalité plus convenable que par le passé. Ce zèle eut des imitateurs, et l'on construisit en ville de grands hôtels et de belles maisons, où chacun peut trouver un logement dans la

mesure de sa fortune et des habitudes de son bien-
être.

Ainsi, la comparaison des débuts de cette station
thermale avec le résultat atteint maintenant, c'est-à-
dire depuis le temps où la nymphe humiliée exposait,
dans le bassin des Ladres, sa nudité à tous les regards,
jusqu'à celui où, recueillie par Pilhes, sa pudeur fut
pieusement mise à l'abri des murs du Couloubret, atteste
un progrès immense, une révolution survenue dans ce
pays, et la substitution de l'esprit d'entreprises, cal-
culées d'avance, à l'aveuglement du hasard. La construction ultérieure du Breilh et du Teich ont donné à
ce progrès un nouveau caractère et élargi ses proportions.

Rien ne prouve mieux ces assertions que la valeur
vénale de nos établissements sanitaires, considérée aux
époques extrêmes de leur durée.

En l'an IV, le Couloubret rapportait à la ville 500 fr.
par an d'afferme. La vente en fut faite moyennant
10,000 fr.

En 1806, ce même établissement donnait un revenu
net de 3,144 fr. ; de telle façon que, distraction faite
de cette somme des impositions annuelles et des

frais de réparations, il restait encore un revenu attestant que sa valeur avait quadruplé dans l'espace de
dix ans.

Il est difficile de donner aujourd'hui une valeur posi-
tive aux établissements sanitaires d'Ax. Le 19 novem-
bre 1849, ils furent mis en actions sur la mise à prix
de 600,000 fr. Sur cette somme, les propriétaires des
bains devaient percevoir 400,000 fr. pour prix de
leurs immeubles ; le reste demeurait affecté à des réparations, à des travaux d'art et aux frais de publicité
nécessaires au fonctionnement de la Société. Ce projet,
dont le succès eût peut-être changé la face de ce pays,
n'aboutit pas par l'effet d'incidents nés dans la Société
elle-même. Aujourd'hui, ces incidents sont levés : les
propriétaires des bains d'Ax persistent à vouloir aliéner
leurs établissements, comprenant, à juste titre, que,
quels que soient l'abondance de leurs eaux et le mérite
de leur minéralisation, ils ne peuvent soutenir une
concurrence avantageuse contre des établissements de
la nature des leurs, soutenus par le budget de l'État,
de grandes communes ou de riches vallées.

Tout fait espérer que prochainement une compagnie
nouvelle, inspirée par le sentiment de ses propres

intérêts, reprendra le projet de 1849 en sous-œuvre, et il est de notoriété publique qu'elle pourra concilier les exigences de sa fortune avec le bien du pays.

Le moment est on ne peut plus favorable. Les capitaux ont repris leur assurance; les spéculations à long terme ont beaucoup perdu de leur timidité; la nation est devenue paisible et joyeuse. Au sein d'une telle sécurité, les citoyens ne craignent plus d'abandonner pour quelques jours leur foyer domestique; les pérégrinations vers nos montagnes, un moment ralenties, vont reprendre leur essor; l'achèvement de la route d'Espagne n° 20, qui nous mettra en relations journalières avec la Catalogne; l'exécution des chemins de fer du midi de la France, qui rendront les habitants du Nord nos tributaires; l'agrément de notre site, la richesse de nos vallées, le parfum d'antiquité qui nous environne; le val d'Andorre, qui réveille tant de curiosité; les châteaux déserts de ces comtes puissants, dont les ruines majestueuses nous forment ceinture, et dont l'aspect rappelle toute la poésie du moyen âge, tout fait pressentir que le temps n'est pas éloigné où la station d'Ax deviendra une des plus florissantes des Pyrénées.

Nombre et qualité des malades. — Le nombre et la qualité des malades ont subi à Ax la marche ascensionnelle que faisait prévoir le développement des établissements sanitaires.

Il résulte des manuscrits laissés par Pilhes en 1806, et par M. Sériès en 1808, 1809, 1812, 1813, 1818, 1819, que la moyenne des malades était, tous les ans, de 607.

Ce nombre de malades subit la progression suivante : en 1825, 700 ; — 1826, 849 ; — 1827, 750 ; — 1828, 936 ; — 1829, 1,035 ; — 1830, 1,100 ; — 1831, 1,226 ; — 1832, 1,271 ; — 1833, 1,370 ; — 1834, 1,550.

Depuis cette année, les documents statistiques manquent.

En 1850, le nombre de malades fut de 2,000 environ. Ce chiffre est celui de notre moyenne actuelle.

Il n'est pas jusqu'à la qualité même de ces malades qui ne se soit améliorée à mesure que nos eaux ont acquis plus de renommée. Ainsi, dans les limites de 1825 à 1834, le rapport des malades indigents aux malades qui ne sollicitaient pas la gratuité des bains était de 1 : 4. De nos jours, ce rapport est devenu de

1 : 5 ; c'est-à-dire que sur les 2,000 malades qui viennent tous les ans, 400 sont nantis de certificats réguliers d'indigence.

Nombre et produit des bains, douches, etc.
— On connaît avec exactitude le nombre des bains, douches ou étuves, donnés à Ax pendant la période de temps comprise entre 1821 et 1834. L'examen de ces documents prouve qu'il suffit de multiplier par 20 le nombre des malades, pour avoir le nombre de bains donnés, c'est-à-dire que chaque malade prend une moyenne de vingt bains, douches et étuves. En 1821, le nombre de bains, douches et étuves, donnés dans les trois établissements, fut 12,800. Ce nombre subit annuellement la progression déjà signalée pour la population malade.

De nos jours, ce nombre est, moyennement, de 40,000, répartis de la manière suivante :

Bains, douches ou étuves entièrement payés . .	24,000
— — avec réduction. . . .	7,000
— — aux indigents	9,000
Total	40,000

Le produit moyen net de chaque bain, douche ou étuve, est d'environ 50 centimes. Le produit des buvettes figure dans cette moyenne, ainsi que celui de la location des appartements situés au premier étage de l'établissement le Teich.

En 1849, le produit total net à partager entre les propriétaires des bains d'Ax fut 19,195 fr. En 1851, il s'est élevé à 19,525 fr.

La saison de 1852 a été médiocre, et le produit net, que je ne connais pas encore, ne dépassera probablement pas 17,000 fr.

Nombre absolu d'étrangers. — Tous les visiteurs qui viennent à Ax ne sont pas malades, et la saison thermale devient l'occasion de nombreux voyages entrepris par seule cause d'agrément. Beaucoup d'étrangers ne se baignent pas, dont la présence n'est pas indifférente au pays. Leur nombre donne même assez exactement la mesure des avantages qui recommandent une station au choix des voyageurs bien portants. Pour les uns, ces avantages sont le climat, la tranquillité, l'économie, la facilité des courses ; pour les autres, l'attrait du luxe et des réunions. Suivant que l'on se place à tel ou tel autre point de vue, on se dirige vers telle ou telle station, assuré d'y trouver le milieu que l'on cherche. Chacune a sa clientèle d'habitude. Quelle qu'elle soit, cette clientèle entre pour une part considérable dans la richesse du pays, et il importe d'en tenir grand compte.

Or les relevés de la population nomade, faits à toute époque, établissent que le rapport des étrangers malades à ceux qui ne le sont pas est de 2 : 5.

Ax est donc annuellement visité par 5,000 étrangers, sains et malades.

Argent laissé dans le pays. — Si l'on suppose que chaque étranger fait un séjour moyen de quinze jours, on trouve qu'ensemble ils passent auprès de nous soixante-quinze mille journées.

La dépense moyenne de chacune de ces journées, évaluée à 4 fr. pour le logement, la nourriture, les étrennes et les menus frais, donne une dépense totale de . . . . 300,000 fr.

A laquelle il convient d'ajouter, pour produit des bains, environ. 19,000

Le chiffre total de la dépense faite par les étrangers, chaque année, à Ax, s'élève donc à . . . . 319,000 fr.

28

La population d'Ax étant de 2,000 habitants, chacun d'eux reçoit une moyenne de 159 fr., à l'occasion de la saison thermale.

La contribution foncière étant d'environ 600,000 fr. dans le département de l'Ariége, l'appel de numéraire fait par les eaux d'Ax couvre à peu près la moitié de cet impôt.

M. François a pu donc dire, avec vérité, que les eaux minérales rapportent plus au département de l'Ariége que toutes ses forges réunies.

C'est l'appréciation nette du rôle que doit jouer la station thermale d'Ax dans la destinée de ce pays, le sentiment de son utilité présente et de son grand avenir, qui sont la cause de l'attention spéciale que les États de Foix d'abord, les préfets et les conseils généraux plus tard, ont accordée successivement à nos eaux minérales, depuis le livre de Pilhes, qui fut, en 1785, commandé par l'autorité, et édité par le Pays de Foix, en vertu d'une délibération du 18 décembre 1786, jusqu'à celui-ci, dont le Conseil général a encouragé le projet, et comme approuvé d'avance l'exécution.

Statistique sanitaire. — La statistique ne doit

pas se borner à donner des documents à l'administration publique, et, après l'avoir conduite par la main
dans les routes frayées du passé, à lui montrer du doigt
les terres promises de l'avenir, l'art a le droit aussi de
lui demander quelques renseignements. Il est utile de
savoir si les faits justifient la pratique des eaux, et si
la valeur du médicament repose moins sur la réalité
des choses que sur l'amour du déplacement, l'esprit
d'aventures et les illusions d'une croyance trop facile.

Il est nous est possible de répondre.

Dès l'année 1813 seulement, le ministre de l'intérieur ordonna aux inspecteurs des eaux thermales de
dresser un rapport annuel sur l'ensemble du service
sanitaire ; mais Pilhes s'acquittait à Ax de ce devoir
avant qu'il fût devenu officiel. Il nous reste de lui
l'histoire manuscrite des malades auxquels il donna
des soins en 1806.

En 1808, M. Sériès qui avait succédé à Pilhes,
fidèle au même précédent, fit un mémoire sur les résultats du traitement par les eaux. Des mémoires du
même genre furent écrits tous les ans par cet inspecteur. Ceux de 1809, 1812, 1813, 1819, nous sont
restés. La moyenne des guérisons de Pilhes est de $\frac{42}{100}$.

La moyenne de celles obtenues par Sériès est de $\frac{13}{100}$.

Dans les limites de 1826 à 1846, M. le docteur Astrié soigna 17,028 malades, sur lesquels 7,094 furent guéris. Le nombre des guérisons obtenues par M. Astrié est donc de $\frac{41}{100}$.

La concordance de ces résultats, obtenus par ces divers médecins à l'insu les uns des autres, est frappante. La pratique de M. Astrié est restée inconnue jusqu'à ces derniers temps, et il a fallu que ma main allât arracher les manuscrits de Pilhes et de M. Sériès à la poussière et aux vers qui en disputaient la possession. Ces résultats se présentent donc, quelque exagérés qu'ils paraissent, avec les caractères de la plus grande sincérité.

M. Rigal et moi, n'avons pu faire le relevé fidèle des cas de guérison, nos renseignements sur un grand nombre de malades étant encore négatifs.

Si l'on tient à savoir seulement quel est le nombre de malades immédiatement ou en peu de jours soulagés par nos eaux, il m'est possible d'ajouter à la pratique de mes prédécesseurs l'appoint de la mienne. Le rapport des malades soulagés par Pilhes, en donnant au mot *soulagement* les limites extrêmes d'un amendement passager et d'une guérison fixe et parfaite, est $\frac{73}{100}$, celui de M. Astrié $\frac{77}{100}$, et le mien $\frac{60}{100}$.

La moyenne de ces trois rapports est $\frac{70}{100}$. Ainsi sur 100 malades qui fréquentent nos eaux, 70 éprouvent un effet plus ou moins salutaire, 30 y demeurent insensibles ou y voient leur position s'aggraver.

Ces faits démontrent que les sources d'Ax ne sont pas moins précieuses au point de vue humanitaire qu'au point de vue économique, et que ce n'est pas à tort que le département de l'Ariége fonde sur la confiance qu'elles doivent inspirer des espérances qu'un avenir prochain réalisera.

CHAPITRE VII.

GUIDE DE L'ÉTRANGER A AX.

Routes. —Une seule route impériale arrive jusqu'à Ax, c'est la route n° 20. De quelque part que vienne l'étranger, il devra dresser le plan de son voyage de manière à arriver d'abord à Toulouse, à moins qu'habitant les départements de l'Ariége, de l'Aude, du Tarn ou des Pyrénées-Orientales, il ne connaisse les routes départementales qui vont aboutir à la route n° 20, dans les limites de Toulouse à Ax, et le service des véhicules qui peuvent aisément l'amener à cette dernière.

Voitures. — Les voitures publiques de l'administration du *Midi* et du *Commerce*, rue Lafayette, n° 21, à Toulouse, font un service journalier de cette ville à Ax. Le départ a lieu à six heures du soir ; l'arrivée à Ax, le lendemain matin à huit heures. Le trajet à parcourir est de 122 kilomètres. La route est belle et les diligences bien servies. Le prix des places est habituellement de 10 à 12 francs.

Le voyageur traverse successivement Saverdun, où naquit le pape Benoît XII ; la jolie ville de Pamiers qui se déploie dans une couronne de jardins ; celle bien plus sévère de Foix, encore groupée dans l'abaissement et la soumission autour du rocher qui supporte l'ancienne et fière demeure de ses comtes ; enfin la petite ville de Tarascon, à l'aspect oriental, qui se mire coquettement dans les rivières qui baignent ses murs et que l'on dirait surmontée d'une mosquée.

Postes. — Ce voyage peut être entrepris en chaise de poste. Les postes à chevaux sont bien pourvues et les montures de l'Ariége sont très agiles.

Au milieu de la saison thermale, on trouve à Toulouse des concurrences qui font un service journalier a des prix très modérés, et dont les départs ont lieu à différentes heures.

Logements, hôtels. — Dès que l'étranger est arrivé à Ax, son premier soin est de chercher un logement. Il n'a sous ce rapport que l'embarras du choix. Désire-t-il habiter un hôtel, il peut aller indifféremment à l'hôtel Sicre ou à l'hôtel Boyé. Tous les deux sont bien tenus, les chambres y sont propres, les hôtes complaisants et empressés, et la table parfaitement servie. La dépense y est de 5 francs, chambre comprise ; celle des domestiques de 3 fr. 50 cent., et l'entretien des chevaux de 1 fr. 50 cent. par jour.

On déjeune en commun, à table d'hôte, à dix heures du matin, et l'on dîne de la même manière à cinq heures et demie du soir. La clientèle de ces tables d'hôte est très convenable ; les dames les fréquentent volontiers, et la conversation, qui y prend souvent une tournure joyeuse et animée, ne se permet pas des propos ou des allusions que les oreilles les plus chastes ne puissent entendre. La table est, avec intention, pourvue, à peu près par égales parts, de mets gras et maigres, afin que chacun puisse suivre en toute liberté les observances de son culte.

De tous les logements, l'hôtel est le meilleur et peut-être le plus économique, quand on est seul ou qu'on voyage sans être accompagné de domestiques.

Si l'on est accompagné de plusieurs membres de sa famille et de ses serviteurs habituels, il est préférable de choisir un appartement dans une maison particulière. On y vit dans la retraite et conformément aux habitudes que l'on a.

Le prix des chambres varie de 4 fr. à 1 fr. par jour, suivant le confortable que l'on cherche. Les prix sont d'ailleurs à débattre suivant l'époque de la saison et l'affluence des étrangers.

Quand on est ainsi à la recherche d'un appartement, on peut hardiment frapper aux maisons de bonne apparence. A l'exception de trois ou quatre, elles reçoivent toutes des locataires pendant la saison thermale.

Les propriétaires fournissent à leurs locataires tout

ce qui est nécessaire au ménage, et même le bois pour faire la cuisine, moyennant une rétribution fixe et convenue.

Le service journalier n'est pas compris dans le prix de l'appartement, et il est d'usage de rémunérer les domestiques avant le départ.

Banquier.—Les étrangers, porteurs de billets ou d'espèces métalliques, trouvent facilement à les transformer. M. Adolphe Authier fait le change, la négociation des effets et l'escompte des valeurs, au taux habituel de la Banque.

Nourriture. — Les étrangers logés en ville font quelquefois apporter leur nourriture de l'hôtel. Le prix de l'abonnement est subordonné au nombre, à la qualité et à l'abondance des plats que l'on veut.

Ceux qui désirent une pension bourgeoise à des prix modérés, la trouvent chez M. Graulle, restaurateur. M. Graulle prépare aussi pour porter en ville, quand on lui en fait la demande.

Enfin, les étrangers qui veulent vivre entièrement de la vie de ménage, et faire préparer les aliments dans la maison même qu'ils habitent, font acheter tous les matins, au marché, leurs légumes et leurs fruits ; les étaux des bouchers sont toujours pourvus de belle et bonne viande, et particulièrement de mouton délicieux, dont la chair parfumée conserve quelque chose de l'arome des plantes dont l'animal s'est nourri sur la montagne.

Les pêcheurs prennent, à toute heure de la journée, de la truite, qu'ils vendent encore vivante. Le pain, fait avec les belles farines de la Haute-Garonne, de l'Ariége ou de l'Aude, est excellent. Plusieurs marchands de vin débitent en gros ou en détail, à très bas prix, le vin dont on a besoin. MM. Rauzy et Boileau tiennent chacun un entrepôt de vins fins, accessoire obligé de toutes les courses dans les montagnes.

Les personnes qui ont l'habitude de faire légèrement le repas du matin trouvent chez M. Tresserre du chocolat délicieusement fabriqué, avec tout l'art que l'on y met en Espagne. Les villages voisins nous expédient tous les matins en abondance du lait, vierge de toute fraude, du beurre frais et des fromages.

Comme complément de ces mets, on se procure de la bonne pâtisserie chez MM. Boileau, Rauzy et Graulle.

Visite à l'inspecteur. — Quand on a fait choix de son domicile et réglé ses petites affaires d'intérieur, le premier soin, si l'on est malade, doit être, afin de ne pas perdre de temps, de se présenter chez l'inspecteur.

Les malades qui veulent avoir avec l'inspecteur un long entretien lui écrivent afin de le prier d'aller les voir à leur domicile. Il en est de même de ceux dont les affections exigent, pour être bien déterminées, un examen approfondi.

La plupart se présentent à la consultation de l'inspecteur, qui a lieu tous les jours de une à quatre heures, le dimanche excepté.

Les rapports des malades avec l'inspecteur sont de deux sortes. Si l'on connaît déjà le bain ou la douche que l'on doit prendre, leur température et la durée qu'on doit leur donner; si l'on sait les modifications qu'il faut imprimer au traitement quand il survient de brusques changements de temps, et quand les eaux déterminent des effets inattendus, on se borne à demander à l'inspecteur une carte d'entrée pour un des trois établissements, en désignant le numéro du bain que l'on veut prendre et la buvette à laquelle on veut aller boire.

Si l'on tient au contraire à connaître l'opinion de l'inspecteur sur la maladie que l'on a, et sur le traitement qui convient à sa guérison, on ne s'adresse plus au fonctionnaire, mais au médecin officieux aux lumières duquel on a confiance. On lui raconte alors ce que l'on éprouve, et on lui abandonne le choix des moyens, pour arriver, s'il est possible, à la guérison. L'inspecteur prescrit lui-même la médication.

Cette deuxième manière de faire est la plus commune, et celle qui, au milieu de la variété de nos eaux, met le malade à l'abri de l'erreur, et lui permet de n'avoir pas fait un voyage et des dépenses inutiles, alors même qu'une pratique intempestive n'aurait point déterminé d'accidents.

Il est d'usage d'aller voir l'inspecteur de cinq en cinq jours, pour recevoir ses conseils et lui faire part de ce que l'on éprouve. S'il y a lieu, on donne plus de fréquence à ces visites.

Les indigents ne doivent à l'inspecteur aucune rémunération. Aux termes de la loi, la gratuité des soins médicaux leur est assurée; mais la loi n'a pas entendu les dispenser des égards que l'on doit à ceux qui nous obligent. Les indigents sont tenus d'aller, avant leur

départ, remercier l'inspecteur, et lui donner des renseignements sur l'efficacité des eaux, renseignements
qui, peut-être, seront utiles un jour à d'autres, et qui
élargissent les bases sur lesquelles doit s'élever l'édifice
de l'art.

Visite au régisseur. — Après la visite à l'inspecteur, on en fait une à M. le régisseur des bains, qui,
sur le vu de la carte de l'inspecteur, délivre des billets
en tel nombre qu'on le désire.

On peut se dispenser d'aller soi-même chez le régisseur ; mais la personne qu'on y envoie doit être nantie
de la carte que l'inspecteur a délivrée.

Ces formalités accomplies, on va à l'établissement
désigné par la carte, et l'on présente celle-ci au commis, qui la prend et l'enregistre, en désignant au
malade, sur les lieux, les bains, douches ou boissons
prescrits.

Bains. — A l'heure voulue, les garçons ou filles
de bains préparent le bain prescrit par l'inspecteur.
Pour que les conditions de température soient obser-
vées, il est bon de laisser flotter un thermomètre à la

surface du bain. Il est utile que chaque malade ait le
sien. On trouve ces instruments chez M. Marcailhou,
pharmacien.

Linge. — Les propriétaires des établissements ne
fournissent pas le linge. Les malades l'apportent eux-
mêmes. Les garçons et filles de bains se chargent de
le faire sécher et de le laver quand besoin est.

Étrennes aux garçons et filles de bains. —
Au départ, on donne aux garçons et filles de bains
une rémunération dans la mesure de la fortune que
l'on a.

Bains simples ou médicamenteux. — Les
étrangers qui ne sont pas malades peuvent prendre
des bains *simples* chez M. Marcailhou. Les malades,
quelquefois surexcités par l'usage continu des bains
sulfureux, se trouvent très bien de prendre de temps
à autre des bains *émollients* que M. Marcailhou
prépare et qui produisent des effets sédatifs très
marqués. Leur action calmante est souvent invoquée
après les courses longues et fatigantes dans les montagnes.

Le temps n'est pas tout entier consacré à la pratique des bains, et il est plusieurs manières de rompre la monotonie du séjour. Chacun choisit celle dont ses goûts s'accommodent le mieux.

Cabinet de lecture.— M. Boileau tient un cabinet de lecture assez bien assorti en romans nouveaux et en livres d'histoire.

Cafés. — Il y a aussi à Ax deux cafés, celui *du Quai*, tenu par M. Boileau, et celui *des Tilleuls*, tenu par M. Rauzy. Ces cafés sont très fréquentés ; la consommation y est excellente. Au milieu du jour, quand le temps est chaud, cette consommation est servie sur la promenade même du Couloubret, dont les arbres séculaires sont impénétrables au soleil, et sous l'ombrage desquels les brises de la montagne viennent, même au plus fort de l'été, apporter la fraîcheur qu'elles ont ravie aux torrents et aux glaciers.

Sérénades. — Deux fois la semaine l'oreille des étrangers est égayée par les sons d'une musique militaire. M. Boileau fait les frais de ce concert bi-hebdo-

madaire qui donne à son industrie plus de développement et à la promenade plus d'animation.

Les tilleuls de M. Rauzy s'éclairent le soir de feux
de Bengale dont la lumière douce et mystérieuse se
prête aux conversations sentimentales et aux confi-
dences secrètes de la nuit.

Soirées. — Il y a de fréquentes soirées dans la
maison Tardieu, la maison Rivière, l'hôtel Sicre,
l'hôtel Boyé, et des réceptions particulières chez
deux habitants du lieu. Madame de Roussilhou et
madame Authier ouvrent fréquemment leurs salons
aux étrangers de distinction, et en font les honneurs
avec une grâce et une affabilité dont le pays ne saurait
trop leur être reconnaissant.

Promenades. — La promenade prend aussi quelques heures de la journée. La route qui se déploie
le long de l'Ariége est choisie comme lieu de promenade, à la brune; pendant le jour on préfère les
lieux plus ombragés : les bosquets de Saint-Udo et de
la Ville-Vieille, les pelouses abritées d'En-Castel, les
solitudes délicieuses de la vallée des Bazergues, où

le silence n'est troublé que par les torrents dont l'oreille confond le bruit affaibli avec le murmure des vents , par le fredonnement monotone du pâtre et le tintement éloigné des clochettes suspendues au cou de ses troupeaux.

Courses. — Quelquefois la promenade , devenue plus lointaine, s'élargit jusqu'à prendre les proportions de ce que l'on nomme une *course*. On fait les courses, dans les montagnes, à pied ou à cheval. Presque toutes nos montagnes sont praticables à cheval. On se procure aisément un cheval pour 3 francs par jour. On paie, en sus, un guide à raison de 3 francs par jour et on le nourrit.

Les courses que l'on fait le plus communément à Ax sont celles de :

1° Mœrens, l'Hospitalet et Puycerda ;

2° Mœrens, l'Hospitalet et le val d'Andorre ;

3° Le lac du Comté ;

4° Le cirque de Lanoux et la vallée de Nabre ;

5° La vallée d'Orgeix et la cascade d'Orlu ;

6° La forge d'Ascou, le port de Paillères et le pic de Tarbézou ;

30

7° Pointe-Couronne, Bonnascré et le Saquet ;

8° Le lac de Nagullos ;

9° Le château de Lordat ;

10° La vallée de Luzenac ;

11° Le pic Saint-Barthélemy ;

12° Le village de Prades ;

13° Le Castelet.

Si l'on voulait s'astreindre à l'ordre géographique, il faudrait un volume pour décrire une à une ces diverses courses sur lesquelles d'ailleurs on donne à l'étranger toutes indications quand il veut les entreprendre.

Dans leur ensemble, ces voyages sur les montagnes laissent de grands enseignements. Ils donnent à l'esprit et aux sentiments une élévation inconnue. Ce n'est pas de nos jours seulement qu'ils produisent cet effet. Moïse allait recevoir sur la montagne les lois destinées à son peuple ; le Christ s'y mettait en communications plus directes avec son Père par le recueillement et la prière ; la mythologie même faisait descendre Orphée du mont Hémus quand il vint·civiliser le genre humain ; l'histoire nous raconte que Thalès de Milet allait méditer sur le Micale, et qu'Anaxagore de Clazomène se livrait, sur le sommet du Mimas, à la contemplation des choses divines.

Les montagnes semblent être, en effet, le berceau de la nature, le foyer de l'imagination, les sources vives de la foi. Elles reproduisent à l'œil étonné l'histoire d'un monde qui n'est plus, et la main puissante de Dieu semble avoir soudainement figé ces masses immenses pour retracer éternellement l'horreur des premiers temps et l'agitation du chaos.

Les nôtres produisent sur l'esprit cette première et sublime impression ; la pensée se recueille, malgré elle, au spectacle de ces grandeurs sauvages que la vie anime cependant à la surface et qu'elle orne des plus riants détails.

Ces masses de granite, aussi anciennes que le monde, ici se déploient majestueusement en vallées magnifiques que recouvrent de riches tapis de verdure et que baignent des flots de lumière ; là se resserrent en gorges étroites et horribles, osseuses et décharnées, sombres et froides, où le soleil ne pénètre point, et qui ne laissent passer jamais qu'un vent rapide et glacial comme celui qui précède les tempêtes. Des croix plantées çà et là rappellent des malheurs passés, des catastrophes affreuses ; et des rochers crevassés, qui surplombent, tiennent toujours au-dessus de la tête du voyageur l'appareil terrible de la mort. Les gaves eux-mêmes ont hâte de franchir ces demeures maudites ; ils les parcourent de toute leur vitesse, en faisant tressaillir le voisinage du retentissement de leur puissante voix.

Ailleurs la scène change, et à la place d'une gorge, on voit un cirque immense où des millions de spectateurs trouveraient aisément place.

La nature a mis sur la même verticale et à peu de distance l'un de l'autre les climats opposés de la terre. Tandis que les céréales étalent, dans la vallée, leurs moissons dorées, le sommet de la montagne est couvert d'une glace éternelle, d'un silence absolu, dont le vent lui-même ne trouble pas le calme, aucun objet ne pouvant vibrer là sous son haleine.

Entre ces deux extrêmes de la vie, se déploient des plantes de toute nature avec une richesse et une variété merveilleuses de végétation. Chacune a sa place marquée dans la zone que la Providence lui a assignée ; les grandes futaies cessent à 1,800 mètres, et si quelquefois un sapin se hasarde à franchir sa limite, il

demeure infirme et rabougri, et, en le trouvant ainsi
exilé et malheureux, on serait tenté de lui demander le
récit de ses infortunes comme à ce myrte de la Thrace
dont Énée écouta la plainte.

Il n'y a pas moins de régularité dans la distribution
des espèces animales. Chaque être y vit en son lieu ; le
chamois ne descend jamais dans les vallées, et l'on ne
surprend pas sur les hauteurs les hôtes habituels des
bas-fonds.

Il y a à de grandes élévations, peut-être dans le
cratère d'anciens volcans, des lacs où la barque du
pêcheur ne se hasarde qu'avec timidité, et qui sont les
réservoirs habituels des torrents. Le lac de Nagullos
alimente ainsi le torrent d'Orlu par une superbe cascade de 1,200 pieds de chute, qui se détache de loin
sur le flanc sévère de la montagne de Ñolès comme la
crinière blanche d'un cheval agitée par le vent. Cette
chute est accompagnée d'un grondement que l'oreille
distingue de loin. L'effet en est magique quand le
soleil, placé derrière l'observateur, irise les bulles
projetées par les rochers et suspend ainsi dans les airs
une ceinture de couleurs.

Çà et là, surtout dans la vallée de Mœrens, on est

frappé de la désagrégation des roches dont les torrents emportent les débris dans les vallées. Il n'est pas rare que des fragments immenses se détachent spontanément, ou qu'on entende, au premier souffle des beaux jours, de longs craquements dans la montagne, comme on entendait des bruits, aux premiers rayons de l'aurore, dans le colosse de Memnon.

Nos montagnes sont très peuplées; de nombreux villages donnent à nos vallées un aspect joyeux. Il en est qui sont encore surmontés de créneaux et de tourelles gothiques : tel celui de Lordat, où vécut longtemps la famille puissante de ce nom; et celui de Prades, où le château de la reine Marguerite, perdant sa destination, est devenu la demeure de paysans, et a prêté à vingt ménages l'abri de ses antiques murailles. Les routes sont animées par le commerce, et l'on rencontre à chaque pas des muletiers de Cerdagne, d'Andorre ou de Catalogne, à la toque rouge et au pantalon de velours bleu, qui, sur leurs montures bariolées, sifflent en cheminant les boléros de leur pays. Enfin, les croupes et les versants sont eux-mêmes parcourus, pendant quatre mois de l'année, par de nombreux troupeaux de bêtes à cornes, de bêtes à

laine et de chevaux, et quand le touriste approche
des régions qu'ils fréquentent, il entend de loin les
bergers fredonner négligemment, pour tromper leurs
ennuis, ces chants d'autrefois qui firent verser tant
de larmes aux Maures de Grenade, ou la marche triom-
phale de Simon de Montfort, que la tradition nous a
conservée.

CHAPITRE VIII.

PARALLÈLES.

Une station thermale prend sa valeur absolue dans
un ensemble de circonstances, qui sont :

La topographie ;

Les sources thermales ;

L'aménagement sanitaire ;

Les effets médicateurs ;

La régularité du service et la commodité de l'administration ;

L'agrément que le pays offre aux étrangers.

Que le lecteur imagine une station sanitaire à laquelle des routes faciles conduisent aisément, placée sous un climat heureux, sur un sol fécond et abondant, pourvue de sources chaudes et minérales nombreuses, volumineuses et variées ; qu'il imagine ces sources captées avec tous les raffinements de l'art, distribuées dans un édifice dont les dispositions et le *comfort* ne laissent rien à souhaiter ; que le service y soit fait avec une régularité parfaite ; que l'action médicale soit nette, bien définie, mise à l'abri des exagérations de l'enthousiasme, du dénigrement de l'envie, ou de l'esprit de système par des guérisons authentiques et comparables ; que les monts environnants prêtent docilement leurs flancs aux pieds curieux des amateurs d'excursions, que la verdure masque la dureté de leurs arêtes, que les fleurs émaillent la vallée ; que l'eau revête en ces lieux mille formes ; que le poëte puisse méditer en silence sur le bord de ces lacs aériens aux noires ondes, où se réveillent le soir toutes les étoiles du ciel, comme se réveille l'espérance dans l'âme obscurcie du malheureux ; qu'il aille chercher des inspirations, tantôt molles et tantôt sublimes, dans le ruisseau tranquille, amoureux des fleurs de son rivage, ou la

cascade épouvantée, semblable aux ondes agitées au
milieu desquelles Schiller allait, le jour des tempêtes,
demander les grandes pensées ; que le lecteur se figure
toutes ces choses en un même lieu, et ce lieu sera une
station minérale type.

Ce type n'existe pas. Toutes les stations minérales
connues présentent un côté défectueux. L'une pèche
par le site, l'autre par les eaux, l'autre par les établissements, l'autre par la nouveauté.

En cet état de choses, la perfection absolue étant un
mythe, il est utile au moins que le lecteur connaisse
la valeur relative de la station dont on l'entretient. On
établit cette valeur par des parallèles faits avec sincérité entre la station que l'on décrit et les stations analogues du voisinage.

Par la qualité des eaux et l'importance sanitaire, Ax
peut être comparé à Luchon, Baréges, Cauterets,
Bonnes.

TOPOGRAPHIE.

Ax est, des stations thermales plus haut mentionnées, celle qui est placée le plus avant vers le Midi.
Toutes choses égales d'ailleurs, son climat serait donc
plus chaud.

Mais le mérite de la situation géographique est modifié par l'*exposition* et l'*altitude*. Bonnes et Cauterets
sont exposés au vent froid du nord ; la vallée profonde
du Bastan, ouverte de l'est à l'ouest, place Baréges
sans défense contre le vent d'occident. Ax et Luchon
sont protégés de toutes parts, excepté d'un seul côté;
les grands courants y deviennent impossibles.

L'altitude de Bagnères-de-Luchon est de 610 mètres.

Celle d'Ax est de 716 mètres.

Celle de Bonnes est de 952 mètres.

Celle de l'établissement le plus bas de Cauterets est
de 932 mètres, et celle de l'établissement le plus élevé
est de 1,147 mètres.

Enfin, l'altitude de Baréges est de 1,245 mètres.

En somme, notre climat, par l'effet de notre position
géographique, de notre exposition et de notre altitude,
au moins égal en douceur à celui de Luchon, est plus
clément que celui de Bonnes, de Cauterets et de Baréges. La saison est chez nous plus constante que dans
ces dernières stations, et il est sans exemple que les
brouillards viennent attrister notre vallée.

On arrive très commodément à Ax par une route
impériale qui ne le cède pas, par la grandeur de l'en-

treprise, à celles que l'on a faites pour atteindre Bonnes
et Cauterets.

SOURCES THERMALES.

CARACTÈRES PHYSIQUES.

Le parallèle des sources minérales que contiennent
les stations sanitaires est celui qui offre le plus d'intérêt et d'utilité.

Température. — Les sources de Bonnes sont
comprises, par leur température, entre 31°,60 et
33°,80 du thermomètre centigrade ;

Les sources de Baréges entre le 31e et le 45e degré ;

Les sources de Cauterets entre le 30e et le 55e degré ;

Les sources de Luchon entre le 24e et le 68e degré ;

Les sources d'Ax entre le 24e et le 77e degré.

Les eaux de Bonnes ne peuvent être, sans caléfac-
tion artificielle, employées aux usages des bains,
douches et étuves ; celles de Baréges ne peuvent alimenter que des bains, des douches et des buvettes.

On ne trouve l'aménagement sanitaire complet, sous
forme de bains, douches, buvettes et étuves, qu'à
Luchon, Cauterets et Ax.

Nombre. — Les sources de Bonnes sont très peu nombreuses, on n'en compte que cinq.

Il en existe huit à Baréges ;

Treize à Cauterets ;

Trente-cinq à Luchon ;

Cinquante-huit à Ax.

Volume. — Les sources de Bonnes sont très peu abondantes. Elles alimentent 2 buvettes, 11 baignoires et quelques douches.

Les sources de Baréges débitent peu d'eau. Elles alimentent une buvette, 2 douches, 16 baignoires et 3 piscines ; mais les piscines reçoivent de l'eau qui a déjà servi aux usages sanitaires.

Les sources de Cauterets sont vraiment abondantes, elles fournissent de l'eau en quantité suffisante à neuf établissements ; ces établissements contiennent ensemble 130 baignoires, 14 douches et plusieurs buvettes. Les douches sont très remarquables par leur chute et leur puissance.

Les eaux de Luchon sont insuffisantes par la quantité. D'après les jaugeages de M. François, elles débitent toutes ensemble, tant celles qui sont employées sanitairement que celles qui ne le sont pas encore, 401 mètres cubes par vingt-quatre heures. Elles sont destinées à alimenter 86 baignoires, 4 piscines, une salle de natation et plusieurs cabinets à douches très variées.

Les eaux d'Ax sont, à elles seules, aussi abondantes que les eaux de Bonnes, de Baréges, de Cauterets et de Luchon réunies ; mais l'art n'a pas encore retiré de cette abondance tout le parti qu'il pourrait. Nos baignoires sont au nombre de 105. Si ce nombre est suffisant pour satisfaire au traitement des malades qui viennent annuellement à notre station, nos douches ne le sont pas. Enfin, nous sommes dépourvus de bassins de natation et de piscines.

Couleur. — Les eaux de Bonnes, de Baréges et de Cauterets ne présentent pas d'altération dans leur transparence.

L'eau *bleue* d'Ax n'en est pas meilleure parce qu'elle bleuit, et la *blanche* de Luchon, qui devient blanche par l'effet de la précipitation du soufre, perd, pour cette cause, une partie de ses vertus.

Dépôts. — La production de *sulfuraire* et les dépôts de *barégine* sont les mêmes, à la quantité près, dans toutes les stations qui font l'objet du présent parallèle.

La *grotte* de Luchon et les sources de la troisième famille d'Ax déposent, seules, du soufre en nature.

Odeur et saveur. — Sauf quelques légères différences que la plume ne peut rendre, l'odeur et la saveur des sources sulfureuses des stations de Bonnes, Cauterets, Baréges, Luchon et Ax, se ressemblent assez.

CARACTÈRES CHIMIQUES.

On se fait une idée très nette de la valeur d'une source minérale quand on l'examine non telle que la nature la donne avec une température élevée, mais telle qu'elle est employée sanitairement, avec une température réduite par des mélanges. Il importe peu, en effet, qu'une eau contienne une grande quantité de sulfure de sodium, si cette quantité doit être réduite à la moitié, au tiers ou au quart avant le bain.

Le parallèle de la sulfuration des principales sources des établissements sus-mentionnés présente un enseignement pratique et un intérêt réel. J'ai déterminé cette sulfuration par le calcul, acceptant, comme les plus exactes, pour Luchon, les analyses de M. Filhol; pour Cauterets, la moyenne de celles de M. le docteur Buron; pour Baréges, les analyses de M. le docteur Pagès; et pour Ax, les miennes.

J'ai consigné dans le tableau ci-dessous les résultats de ces calculs, le bain étant supposé préparé à la température de 36 degrés centigrades.

STATIONS MINÉRALES.	DIVISIONS BALNÉAIRES.	Sulfure de sodium par litre dans le bain à 36° cent.
		gr.
Luchon.	Salles n°° 1, 2.	0,037466
—	. . . .	0,030300
Baréges.	Moyenne des sources mélangées.	0,026973
Luchon.	Salle n° 3.	0,026936
—	Salle n° 4.	0,024420
Cauterets.	Pause (vieux).	0,018500
—	Raillère.	0,017600
Ax	Viguerie.	0,016550
Cauterets.	Pause (nouveau).	0,015900
—	Espagnols.	0,014400
—	César.	0,013332
Ax.	Pilhes.	0,012114
Cauterets.	Le Bois.	0,012000
Ax.	Fontan	0,011184

Les bains de Luchon sont ceux qui contiennent le plus de sulfure de sodium; ceux de Baréges viennent après ; les bains de Cauterets et d'Ax viennent en dernier lieu, et se ressemblent beaucoup sous le rapport de la sulfuration.

Si l'on multipliait chacune des fractions du tableau ci-dessus par le nombre 200, qui représente assez approximativement le nombre de litres que contient une baignoire disposée pour recevoir un adulte, on aurait la quantité de grammes de sulfure de sodium que contiennent les bains des diverses stations, quand ces bains sont préparés.

En prenant la moyenne des produits pour chaque station, on arriverait à cette conséquence, que, sous le rapport de la quantité de grammes de sulfure de sodium que leurs bains contiennent, ces stations sont entre elles dans la proportion des nombres suivants : Luchon, $5^{gr},8$; Baréges, $5^{gr},2$; Cauterets, $2^{gr},9$; Ax, $2^{gr},6$.

Les douches suivent, dans leur sulfuration, la proportion établie pour les bains, à peu de différences près.

Il n'en est pas de même des buvettes. La Raillère, César et Mahourat, à Cauterets ; la Vieille, à Eaux-Bonnes, sont les buvettes les plus vantées des Pyrénées, et celles qui ont la réputation le plus justement acquise.

.. Or il existe à Ax des buvettes analogues qui, sous le rapport de la sulfuration, ne diffèrent des précédentes que par des quantités infinitésimales, en plus ou en moins.

Le tableau ci-contre place les unes et les autres dans un voisinage qui permet d'apprécier cette ressemblance.

Stations.	Buvettes.	Sulfure de sodium par litre.	Buvettes semblables à Ax.	Sulfure de sodium par litre.
Eaux-Bonnes.	Vieille. . .	0,021700	St-Roch (à droite)	0,023369
			Petite sulfureuse.	0,023369
Cauterets. . .	Raillère. .	0,019200	Coustous (gauche)	0,017399
Cauterets. . .	César. . .	0,017900	Pilhes.	0,016215
			Patissier. . . .	0,016215
Cauterets. . .	Mahourat .	0,014800	Bain Fort (ancien)	0,014900

Les eaux sulfureuses de Baréges, de Cauterets, de Bonnes, contiennent le soufre sous une même forme. Dans la même station, toutes les sources se ressemblent. La grotte de Luchon est la seule qui dépose du soufre en nature, comme les eaux de la troisième famille d'Ax. La station d'Ax est donc la seule où l'on trouve, à côté d'eaux inégalement sulfureuses, un certain nombre de thermales simples, dont l'emploi, même pendant la cure sulfureuse, est si souvent

32

réclamé. Incontestablement les eaux d'Ax sont les plus variées, comme elles sont les plus abondantes.

Conservation. — Les eaux de Cauterets, de Bonnes, de Baréges et de Bagnères-de-Luchon, ainsi que celles de la deuxième famille d'Ax, s'altèrent en bouteilles ; mais celles d'Ax, que j'ai classées dans la troisième famille, ne s'altèrent pas, même après un très long séjour en vases clos.

AMÉNAGEMENT SANITAIRE.

L'aménagement sanitaire de Bonnes, sans être dépourvu d'élégance et de commodité, est en rapport avec le peu de volume des eaux et la faiblesse de leur thermalité.

L'établissement thermal de Baréges laisse tout à désirer sous le rapport du *comfort* et même de la propreté. Les douches y ont une chute trop faible.

Il y a à Cauterets des établissements bien tenus, où l'on peut se soumettre au traitement hydro-minéral sous toutes formes, et dans de bonnes conditions. Les douches y sont excellentes ; malheureusement les établis-

sements ne sont pas sur le même plan, et sont, la plupart, assez distants du village, pour qu'il soit fatigant
ou impossible à certains malades de les atteindre à pied,
et très onéreux de s'y faire porter.

Toutes les eaux de Luchon sont amenées dans un
édifice monumental, dont la construction a été faite
d'après les plans de MM. François et Chambert. Cet
édifice thermal est très remarquable. Tous les besoins
sanitaires y ont été prévus ; les eaux ont été captées avec
soin, et leurs mélanges s'opèrent avec intelligence. Cet
établissement peut être considéré comme un modèle
du genre.

Les trois établissements d'Ax sont tous dans la ville
même, à très peu de distance l'un de l'autre, de telle façon
qu'on les aborde aisément et sans recourir à la chaise à
porteurs. Ces établissements sont bien loin d'être comparables, par l'utilité des dispositions intérieures, à quelques uns de ceux de Cauterets, et surtout à celui de
Luchon ; mais ils sont infiniment supérieurs à celui de
Baréges. Ils sont maintenant dépourvus de piscines ;
mais le temps n'est pas éloigné où l'on en construira ;
et si, comme on l'espère, une compagnie industrielle
achète ces thermes, elle dirigera assurément vers le

Couloubret une des sources du Breilh qui, possédant alors une quarantaine de pieds de chute, alimentera des douches dont la succussion sera très forte.

Ce que nos établissements présentent de particulier; et ce qui les différencie des autres, c'est qu'on y use librement, largement, et sans économie, de l'eau minérale dont on a besoin. Les robinets sont laissés à la disposition du malade; il peut renouveler l'eau de son bain autant de fois qu'il le juge utile, sans recourir à l'intermédiaire plus ou moins désintéressé d'un garçon de bains. Les douches de Baréges n'ont guère que cinq à six minutes de durée; celles de Luchon et de Cauterets, un quart d'heure, et celles d'Ax, une demi-heure. Ce n'est pas qu'ailleurs on redoute l'excitation déterminée par ce moyen : ce que l'on craint le plus, c'est la dépense d'eau.

Nos étuves sont simples dans leur construction, trop simples même; mais pour n'être pas renouvelées des Grecs ou des Latins, pour ne pas s'appeler *sudatorium* ou *tepidarium,* elles n'en sont pas moins actives, et je n'hésite pas à dire qu'elles sont, par leurs qualités balsamiques et leur étonnante température, les plus énergiques de France.

EFFETS MÉDICATEURS.

Je suis moins partisan que personne de la spécificité des eaux. Je déplore l'abus qu'on en fait. Mais on ne peut cependant méconnaître que, par l'effet de causes inexpliquées, telles eaux qui se ressemblent beaucoup par la sulfuration, n'ont cependant pas les mêmes vertus. Le soufre lui-même peut être contenu dans les eaux sous des formes telles qu'elles justifieraient, si nous les connaissions bien, les faits qui paraissent anormaux. Quand j'ai donc comparé la valeur de chaque station thermale sous le rapport de la sulfuration, et que, pour en bien faire saisir à l'esprit le parallèle, j'ai coté cette valeur en chiffres, je n'ai pas entendu le faire comme on cote à la Bourse le crédit public. La valeur médicale d'une station n'est pas dans la dose absolue de sa sulfuration, pas plus que le mérite d'un pinceau dans la quantité de couleurs dont on le charge.

Dans les établissements sanitaires, l'effet médicateur est dû au triple concours de l'eau, de la thermalité et de la sulfuration, et à l'adjonction d'actions accessoires nombreuses.

De ce que Luchon, par exemple, possède les eaux

les plus sulfureuses, il ne s'ensuit pas que l'on gué-
risse là mieux qu'ailleurs les maladies où le soufre est
indiqué. La thèse opposée serait plus vraie, et bien des
tempéraments délicats, des constitutions ébranlées,
s'accommodent mieux des sources qui se font remarquer par une certaine médiocrité.

Si donc, dépouillés de la pensée que le pouvoir sulfureux donne la mesure du pouvoir médicateur, nous
transportons la question de prééminence sur son véritable terrain, — celui de l'expérience, — les matériaux
nous manquent pour y asseoir un solide jugement.
Cependant, en comparant ensemble les écrits qui trai-
tent de l'action médicale des eaux sus-mentionnées, on
arrive à cette conséquence, que celles-ci, quand elles
sont employées dans des conditions identiques ou du
moins comparables, paraissent toutes agir avec une
énergie, dont les différences se refusent encore à tout
parallèle, contre :

Les maladies rhumatismales ;

Les maladies des membranes muqueuses ;

Les maladies de la peau ;

Les maladies scrofuleuses ;

Certaines débilités.

Cette similitude d'effets vient justifier l'opinion d'Anglada, lequel pensait que toutes les eaux sulfureuses ont une action semblable. Cette opinion me paraît exacte quand les eaux que l'on compare contiennent le soufre sous une même forme; mais nullement dans le cas contraire.

ADMINISTRATION.

On se ressent partout de l'insuffisance des eaux ; les malades sont assujettis, sous le rapport des heures de bains ou de douches, à des règlements rigoureux dont la sévérité n'est amoindrie que par l'effet d'étrennes plus ou moins élevées. C'est un scandale qui humilie la moitié de la population malade au profit de l'autre moitié.

A Ax, nous avons coutume, sauf des cas exceptionnels, de laisser à nos malades toute latitude et toute liberté dans le choix de l'heure qui leur convient. On prépare le bain quand le malade se présente. La grande quantité d'eau, le matériel plus que suffisant pour satisfaire à tous les besoins, nous permettent d'agir ainsi.

Les eaux minérales ne sont pas soustraites à la loi d'économie publique qui fait des denrées les plus rares les plus chères. Comme nos eaux sont les plus abondantes, ce sont aussi celles qui coûtent le moins.

AGRÉMENTS.

Les agréments que les stations sanitaires offrent aux étrangers sont de deux ordres : les uns intérieurs, les autres extérieurs.

Luchon est de toutes les cités thermales du midi de la France celle qui offre à la fois le plus d'agréments intérieurs et extérieurs : cafés, cabinets de lecture, réunions, soirées, courses sur les plus hautes et les plus merveilleuses montagnes, guides sûrs et fidèles, montures nombreuses et éprouvées ; rien ne manque.

Ax présente, à l'intérieur, moins d'entrain et plus de monotonie, cependant les relations y sont agréables. Les montagnes environnantes sont très remarquables. Elles sont moins connues que celles de Luchon ; les habitants du pays sont moins industrieux, les guides moins rompus à leur métier, les montures plus rares, le harnachement moins commode et souvent délabré.

En somme, et pour faire sortir une conclusion de ces parallèles, je dis avec la plus parfaite sincérité :

Ax peut remplacer très bien Baréges, Bonnes et Cauterets ; Luchon lui est supérieur par beaucoup de points. Il y a à Luchon plus de plaisirs, un plus bel établissement, de plus belles montagnes, des eaux plus sulfureuses ; mais Ax possède des sources que leur abondance, leur variété, leur haute thermalité, rendent incomparables : on les prend à toute heure, sans contrainte, et les baigneurs ne sont pas soumis, pendant leur séjour, aux devoirs périodiques de la vie du soldat.

CONCLUSIONS.

Les conclusions de ce livre sont virtuellement con-
tenues dans le parallèle que j'ai fait entre la station
d'Ax et les stations analogues les plus renommées.

J'ai voulu donner à Ax sa place, et marquer son
rang parmi les grandes stations sanitaires des Pyrénées.

Je me suis plaint autrefois de ce que les inspecteurs
des eaux minérales ne vivent pas, par la divulgation
des faits et surtout de la méthode, dans une communauté scientifique dont l'art et l'humanité retireraient
du profit.

Je me suis plaint aussi de ce qu'ils entretenaient
avec la nymphe dont ils possédaient seuls le langage
un commerce dont le public ne pénétrait pas l'in-
timité.

J'ai voulu donner l'exemple, dévoiler nos arcanes et
ouvrir à deux battants aux profanes les portes du
temple.

Je blâmais les médecins des eaux de se mirer trop
complaisamment à la même fontaine, et d'y perdre

tout autre sentiment que celui des tendres douceurs de la naïade qui l'habite.

Me suis-je soustrait à ce travers? Je l'espère.

Je n'ai pas caché les imperfections de la station thermale d'Ax, à l'avenir de laquelle mon avenir est associé, et j'ai été aussi sincère dans l'exposition de ses qualités que dans celle de ses défauts.

En écrivant le travail que je livre à la publicité, j'ai été soutenu par le sentiment d'un double devoir imposé à mes fonctions.

Le premier de ces devoirs est celui d'éclairer le corps médical sur le mérite des eaux minérales et de lui fournir les matériaux d'un jugement solide.

Le second est de contribuer, par une publicité sérieuse et honnête, à l'accroissement du bien-être des populations pauvres groupées autour des eaux minérales.

Ce double devoir, je l'accomplis avec bonheur, parce que je peux le faire sans manquer à la vérité.

Les eaux d'Ax méritent la part d'éloges que je leur ai donnée. Il n'est pas un auteur qui, depuis Vénel, c'est-à-dire depuis cent ans, n'ait conseillé au gouver-

nement de transporter à Ax l'hôpital militaire de Baréges, ou du moins d'y établir une succursale.

En 1825, M. l'inspecteur général Boin écrivait à
M. le docteur Astrié, un de mes prédécesseurs : « Vous
» avez à la fois dans votre heureux terrain les eaux de
» Baréges, de Luchon, de Saint-Sauveur; vous êtes,
» en vérité, les privilégiés de la nature : on ne trouve
» nulle part une telle quantité et une telle variété d'eaux
» minérales. »

Étonné à l'aspect de tant de richesses, un autre
inspecteur général, M. le docteur Donné, écrivait :
« Ax, par sa position, par son aspect et par la nature
» de ses eaux, est le Luchon de cette partie des Pyré-
» nées, avec une nature moins grandiose et moins pit-
» toresque, mais avec infiniment plus d'eau. »

Enfin, il est d'une expérience ancienne et unanime
que nos eaux produisent de merveilleux effets.

Ai-je exagéré le mérite des lieux? Je l'ignore. Chacun sent à sa manière. Nous n'avons pas près de nous,
il est vrai, la majesté sauvage de la Maladetta; mais
nos montagnes sont admirables. Combien de fois ne
me suis-je pas surpris à rêver délicieusement, dans nos

ombreuses vallées, aux grandes scènes que ces masses rappellent, ou auxquelles elles servent encore de théâtre! Et combien de fois, dans l'isolement des cimes les plus élevées, mon esprit flottait heureux au spectacle de tant de grandeurs, ne sachant qu'admirer le plus : les solitudes, qui, suivant l'expression d'un poëte, mènent à Dieu, ou Dieu, qui remplit les solitudes!

Puisse donc ce livre, en présentant sous leur vrai jour les eaux thermales d'Ax, agrandir encore leur renommée! Puisse-t-il être utile aux médecins qui les prescrivent, aux malades qui les fréquentent, et à notre cité minérale, dont la rivière aux paillettes d'or (1) n'est pas le Pactole!

(1) Le mot *Ariége* vient du latin *aurigera*, qui veut dire, *je charrie de l'or*.

FIN.

TABLE DES MATIÈRES.

www.ingramcontent.com/pod-product-compliance
Lightning Source LLC
Chambersburg PA
CBHW070246200326
41518CB00010B/1709